国家出版基金项目
教育部人文社科重大委托项目 | 世界女子高等教育及大学女校长研究

世界大学女校长◆女子大学丛书

国家出版基金项目
NATIONAL PUBLICATION FOUNDATION

世界大学女校长◆女子大学丛书
Series on World Women University Presidents & Women's Universities

DI YERBURY

戴·叶布瑞

澳大利亚麦考瑞大学校长

龙小农 著

中国传媒大学出版社
Communication University of China Press

总 序

百年大计，教育为本。世界各国的经验表明，强国梦必须有科教梦做支撑。科教兴国，是中国的基本国策，是从教育大国到教育强国、从人口大国到人力资源强国的必由之路。高等教育处于教育体系的顶端，是联结科技与教育的重要桥梁。衡量一个国家科技和教育水平的高低，在很大程度上要看这个国家高等教育的水平。

回顾大学的发展历史，我们不难发现，一所大学办学质量的高低，往往取决于校长的水平。世界著名大学发展的每个重要阶段，都铭刻着大学校长的办学理念和思想，正如艾略特之于哈佛大学，蔡元培之于北京大学，梅贻琦之于清华大学。研究大学校长的办学理念和思想，是管窥一所大学兴衰成败的途径，而专门研究大学女校长，则独辟蹊径，别开生面。

中国现代教育史上，大学校长虽以男性居多，然而成就卓著的女校长也不乏其人。她们推动了大学的变革，丰富了大学的精神内涵，如金陵女子大学老校长吴贻芳，复旦大学前校长谢希德，东南大学前校长韦钰，同济大学前校长吴启迪，等等。女校长人数虽然屈指可数，但其业绩丝毫不逊于男性同行。大学女校长为高等教育的发展注入了活力，做出了贡献。大学女校长的治校理念、办学风格乃至传奇的职业生涯，确实值得深入研究和细致品味。

女子大学是高等院校序列中的一种特有形式，为世界高等教育的发展做出了重要贡献。著名的女子大学，如韦尔斯利学院、史密斯学院、淑明女子大学、日本女子大学、御茶之水女子大学，以及中国历史上的金陵女子大学、北京女子师范大学、华南女子大学等，都写下了光辉的篇章，是世界高等教育的重要组成部分。研究世界各国女子大学，总结提炼女子高等教育的办学经验和人才培养模式，探索现代女性接受高等教育的多样化形式，对于寻求符合女性特质的教育理念和教育方法，应该说是一种有益的尝试。

由中国传媒大学承担的教育部重大委托项目——“完善中国现代大学制度视域中世界女子高等教育及大学女校长群体研究”课题，对以上两个领域进行了系统深入的研究。“世界大学女校长·女子大学”丛书，就是这一课题的主要成果。这套丛书分为四个系列：女子高等教育系列，考察全球女子高等教育的发展轨迹，呈现其办学传统和教育特色；中外大学女校长个案研究系列，以人物传记的形式深度追踪大学女校长的人生经历，剖析她们的成长历程、心智历练、办学理念和治校方略；女校长群体研究系列，群像式描绘某一国家或地区的大学女校长群体，彰显女校长个性的同时，探寻她们的共性；“世界大学女校长论坛”图文集锦系列，汇集展示了大学女校长在历届论坛上的真知灼见和绚丽风采。四个系列，四十余本，蔚为大观。

“世界大学女校长·女子大学”丛书，也是“世界大学女校长论坛”历时十三年深入研究高等教育及女性培养结出的硕果，是深化论坛主旨、促进女性事业和教育事业发展的学术行动。丛书的写作，依托“论坛”这一平台，深度访谈和研究了参加历届论坛的大学女校长，系统整理了多年积累的学术成果，可以说，“论坛”既是女校长们交流合作的舞台，也是本套丛书得以出版的重要基础。

自1995年北京第四届世界妇女大会召开以来，世界妇女运动取得了长足的进展，性别平等的高端主题——女性领导力，也已经是全球关注的议题，与女性学相关的课程在中国高校已经四处开花。今天，有识之士都深刻认识到，女性在社会各个领域的创造力和领导力，是推动社会全面发展的动力之一，也是人类文明进步的重要标尺。“世界大学女校长·女子大学”丛书，对于提升女性领导力，具有重要的参考价值，对于知识女性的成长具有积极的引导意义。

大学女校长是高等教育、女性、领导力的集结点，是知识女性的杰出代表，是自尊、自信、自立、自强的典型，她们不但为高等教育的发展做出了应有的贡献，更以自己坚韧顽强、宽厚包容、无私奉献的品质与情怀，阐释了女性领导力的独特内涵。对于广大女性来说，她们是教育典范和女性楷模，具有榜样的力量和示范的价值，定能引领青年女性沿着正确的道路勇敢前行。

女性的发展，既需要社会各方面的支持，更需要女性自身具备积极进取的意志和宽广博大的胸怀。希望丛书的研究成果能产生广泛和深远的影响，为女性高等教育提供宝贵借鉴，为精英女性的成长与成功给予智力支持；促进全社会更加重视女性平等的教育接受权和职业发展权；激励正在为打破“玻璃天花板”而奋斗的新一代女性，为女性领导力的培育与提高奠定坚实基础。

是为序。

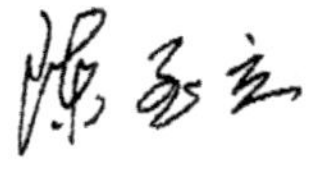

2014年7月

前　言

我在中国传媒大学工作近五十年，其中有三十多年在学校领导岗位上任职。这些经历让我有更多的机会体悟、思考女性接受高等教育的重要、女性走向领导岗位的不易。

早在1996年，我即萌生组织世界各国为数不多的大学女校长进行交流合作的想法，但当时忙于学校的学科建设和转型，这一想法被搁置下来。直到2001年，在诸多同事的帮助下，我才将这一构想变成现实，召开了大学女校长“新世纪高等教育发展战略国际论坛”。此后论坛每隔两至三年举办一次。2006年，论坛挂靠中国教育国际交流协会,组建了世界大学女校长论坛组委会，负责论坛的筹划、组织工作；2009年，在江苏有关部门的关心和支持下，成立了江苏中外大学女校长教育发展基金会，为论坛筹集资金。迄今，世界大学女校长论坛已在中国北京、南京、厦门举办五届，并在新西兰、日本、美国、土耳其、津巴布韦和墨西哥等地召开六次分论坛，吸引了79个国家的800余人次大学女校长。

十年来，在与各国大学女校长的交流互动中，我深刻地感受到，女性在高等教育领域作为决策者和领军者可谓凤毛麟角,其人生历练和办学实践值得浓墨重书。翻阅每位女校长的简历、细读她们给论坛提交的论文，总能激起我发自内心的共鸣，赞佩她们的治校理念、管理智慧和人格魅力。每一位女校长都拥有鲜为人知的心路历程、卓尔不凡的领导能力与永载史册的辉煌业绩。

我的一位好友、著名女性传记作家赵凤翔教授曾说："女人要写女人。"这给了我很大启发——女校长要研究女校长。追溯大学女校长成长、成才、成功的道路，总结女性领导力的形成规律和独特优势，开展大学女校长及女性领导力研究，出版相关研究成果，就成为"世界大学女校长论坛"活动的自然延伸。

2010年，我们筹划设立了"完善中国现代大学制度视域中世界女子高等教育及大学女校长研究"课题，组织来自中国传媒大学等单位80余人的研究团队，选定34个国家80余位大学女校长，进行个案研究和群像描绘；对23个国家的女子大学进行历史梳理与全面考察。2011年，这一课题获得教育部人文社科重大委托项目立项；2013年，由该课题主要研究成果结集而成的"世界大学女校长·女子大学"丛书，获得国家出版基金资助。

这套丛书由四个系列组成，具有三个鲜明特点。四个系列：女子高等教育系列、中外大学女校长个案研究系列、女校长群体研究系列和"世界大学女校长论坛"图文集锦系列。三个特点：一是全景式描述。丛书对世界范围内大学女校长及女子高等教育，首次进行比较全面的观照和挖掘。女校长研究既有共性的揭示与比较，又有个性的剖析与呈现；女子高等教育研究既有全球视野的巡礼，又有具体国别的探究。二是人物传记式的写作方法。丛书以访谈当事人、发掘第一手资料为基础，研究和写作的过程力求再现传主的人生轨迹、突出其办学理念和治校业绩。三是可读性强。传主的真知和作者的匠心历历可见，读者能够在图文并茂中感受到智慧和灵感的融会。

这套丛书是对女性通过教育追求真善美、通过自身努力彰显智仁勇的真实颂扬。著名女作家冰心曾说：这个世界如果没有女人，就会失去十分之五的真、十分之六的善、十分之七的美。女性不仅是真善美的化身，也应是智仁勇的写照。阅读这套丛书，我们可以了解到，女性如何通过交流互鉴，凝聚智慧、取得共识；体认困境，直面现实、自立自强；付诸行动，同心同力、坚持不懈。

这套丛书是对“女性是改造世界的温柔力量”的生动诠释。置身于男性居主导地位的社会管理体系中，女性要取得成功，需要充分展现女性特质，发挥女性优势，要以女性特有的视角观察、思考、解决问题。阅读这套丛书，我们可以看到女校长们如何在战略决策上，高瞻远瞩，运筹帷幄，引领未来；在具体工作中，体贴入微、心系师生，用愿景激励师生，用行动示范师生，用厚德包容之心协理校务；在领导风格上，追求完美和精致，重视以人为本，在管理中实现个人的发展与事业发展的契合。

这套丛书是对高等教育及大学女校长社会价值的全面展示。众所周知，高等教育是形塑社会结构及价值体系的重要载体，大学校长是具有社会象征、示范和引导意义的特殊群体。女性接受高等教育、女性担任大学校长，在改变高等教育生态的同时，也在潜移默化地影响着社会结构变迁、家庭角色分工、社会责任担当、时代价值导向。阅读这套丛书，我们可以看到女子高等教育和大学女校长的发展历程，正是社会不断进步、两性趋于平等的见证，而她们成长的艰辛和不易，也呼吁现代社会迈向更加平等、公正、和谐的完善之路。

从书已然油墨飘香，感激的话语也充溢心头。感谢江苏中外大学女校长教育发展基金会为项目提供启动经费，感谢教育部将此课题列为人文社科重大委托项目，感谢国家新闻出版广电总局提供国家出版基金资助。特别感谢十一届全国人大常委会副委员长、第十届全国妇联主席陈至立女士担任项目和丛书的总顾问，并欣然作序。

感谢这套丛书的传主、作者和编审们。他们在繁忙的本职工作之余见缝插针，千方百计，保证了任务圆满完成。传主们倾力支持、积极配合；作者们夜以继日，数易其稿；编审们孜孜不倦，精益求精。这种认真负责的精神，令人感叹。课题跨越四载，屡遭挫折，历尽艰辛，常常使我们困扰于“山重水复疑无路”，而殚精竭虑之后的新意迭出，又使我们惊喜于“柳暗花明又一村”。我相信，不久的将来，作者之中定会有著名的传记作家、女性研究专家脱颖而出。

感谢中国传媒大学文科科研处、出版社，为项目的完成和丛书的出版提供了有力保障。丛书煌煌五十本，从策划、组织、申报、撰写到编辑、装帧，学校教师及出版社职工都是主力军，都是可靠、堪用、高效的突击队。如今项目和丛书按期完成、保质保量出版，我要向他们衷心致谢！

任何一项事业，都是“一人启其端，百人扬其华”。我只是一个组织者、牵线者，项目得以完结、丛书得以问世，应归功于各位热心的支持者、参与者。让每一位年轻的女性都能自由地筑梦、勇敢地追梦、幸福地圆梦，是我最乐意为之奔忙的事业。我们期待，有更多的有识之士能参与到这一有意义的工作中来。

刘继南

2014年7月于北京

戴·叶布瑞

戴·叶布瑞，英裔澳大利亚人，1941年生于英国；管理学教授，法学博士。1987—2006年，戴任麦考瑞大学校长，是澳大利亚首位大学女校长，也是迄今为止任期最长的校长。在她精彩纷呈的职业生涯中，戴还兼任多种社会职务，如澳大利亚艺术委员会主席、澳大利亚教育国际开发署、澳大利亚大学校长委员会主席等。

Di Yerbury, born in 1941, is a British-born Australian. She is a Doctor in law and a professor of management. From 1987 to 2006, Di Yerbury served as the president of Macquarie University, the first female and longest serving president in Australia. In her brilliant career, she also took on a variety of social positions, such as chairman of Australian Arts Council, president of Australian IDP Education, president of Australian presidents' Committee, and so on.

目 录

楔　子

位于悉尼市西北部的莱德地区，是澳大利亚一流的高科技园中心，也是最大的高科技园区，全球大型跨国公司的写字楼云集于此。与高科技园区比邻相望的是澳大利亚风景如画的莱恩科夫国家公园，碧草茵茵，绿树成荫。麦考瑞大学就是镶嵌在这个园区的一颗明珠，坐享得天独厚的科技资源和地理位置优势。

1987 年 1 月，麦考瑞大学迎来该校历史上，也是澳大利亚历史上首位女校长——戴·叶布瑞（下简称“戴”），揭开了它崭新的一页篇章。从 1987 年 1 月至 2006 年 2 月，近 20 年的时间里，戴凭借她杰出的统筹管理能力，因地制宜、纵横捭阖，开创了麦考瑞大学发展史上的“戴·叶布瑞时代”。

如今，麦考瑞大学是澳大利亚一所富有创新性的大学，下设商学部、人文和社会科学部、科技学部三大学部，在校生近 4 万人，其高质量的教学和科研水平，在国内外享有盛名。根据对麦考瑞大学毕业生的工资、学术成果和就业情况的调查，麦考瑞大学是澳大利亚最好的大学之一。作为一所生机勃勃、追求进步与创新的大学，麦考瑞大学一直以其优异的学术成果、灵活的教育体制，吸引着世界各地的优秀学生前来求学。这一切，都与戴任职麦考瑞大学校长时付出的努力密不可分。

创新性大学的诞生

尽管麦考瑞大学有着辉煌的成就，却只有短暂的历史，2014 年麦考瑞大学才迎来它建校 50 周年的庆典。

1964 年 5 月 26 日，澳大利亚联邦政府正式通过《麦考瑞大学法案》，批准筹建麦考瑞大学，划定悉尼北部 135 公顷的土地建设校园。令人匪夷所思的是，这所刚刚筹建的大学，招收的第一批学生不是本科生，而是博士生。1966 年，麦考瑞大学正式招收的六名博士生成为它的第一批学生；1967 年才开始招收本科生，这在当今国际高等教育界恐怕也是绝无仅有的。但这就是麦考瑞大学，它自创建伊始，创新性就无所不在，卓尔不群。

1986 年 3 月，麦考瑞大学董事会又作出一项让整个澳大利亚高等教育界为之震惊的创新性决定，聘任新南威尔士大学管理学教授戴为该校校长，从 1987 年 1 月开始履职。这一破天荒的决定，意味着在麦考瑞大学历任校长的画廊上，将第一次出现女性形象，同时也宣告着澳大利亚历史上首位大学女校长的诞生。戴主政麦考瑞大学的近 20 年时间里，为这所大学淋漓尽致地挥洒其创新性，开创了一个迄今难以企及的高峰。

戴带领麦考瑞大学开创了澳大利亚乃至全世界高等教育的诸多第一。20 年深耕细耘，一朝喷薄而出。到 2006 年 2 月，在戴卸任之时，麦考瑞大学已发展为澳大利亚最具有创新性的大学，它的商科在全球都具有影响力。

创新性女性的出现

1941 年 3 月 25 日，英国西南部的历史名城德文郡，一个滨海的秀美小村庄，一位女孩呱呱坠地，她的祖母给她取名为戴安娜·叶布瑞，小名就叫戴。迎接她出生的不是亲朋好友的祝福，而是此起彼伏的战火硝烟。此时的英国，正遭遇建国以来最严峻的生存危机，法西斯德国企图一举征服它。

不过，命运之神特别眷顾戴。在祖母和母亲的庇护下，她安全而又幸福地度过了自己的童年，接受了同辈人难以获得的良好教育。

1965 年，年仅 24 岁的戴，带着对多元文化的憧憬，在伦敦这个国际化的大都市接受过多元文化的洗礼之后,孤身一人漂洋过海，来到英联邦澳大利亚的莫纳什大学工作。几年后，戴进入澳大利亚最优秀的研究性的大学墨尔本大学，攻读工业关系与工业法的博士学位。1973 年，戴顺利获得博士学位，并在新南威尔士大学获得教职。此后，戴就将自己的一生与澳大利亚高等教育事业的发展紧紧地融合在一起。

凭借良好的教育经历、出色的管理能力、优秀的沟通能力，戴开辟了澳大利亚多个女性第一：1974 年被任命为澳大利亚公共服务办公室首席助理秘书；1976 年成为澳大利亚第一位管理学女教授；到 1986 年，戴已身兼数职，并成为艺术鉴赏与收藏方面的行家里手，担任澳大利亚艺术委员会主席。

此时，这位创新性女性已是蓄势待发，她在期待一个更加恢宏开阔、能展现才华的舞台。1986 年，这个机会终于来临，麦考瑞大学虚位以待，面向全球公开招聘校长，年方 45 岁的戴·叶布瑞在众多竞聘者中脱颖而出。

创新性的大学与创新性的女性，两者同声相应、同气相求，成就了几近完美的麦考瑞大学，使之成为澳大利亚具有创新性和最值得信赖的品牌大学。

因一次演讲而邂逅

1985 年，在澳大利亚颇有名气的戴作为嘉宾，应邀在麦考瑞大学毕业典礼上致辞。

无心插柳柳成荫。这次演讲，让戴与麦考瑞大学结下不解之缘。戴说："当我 1985 年应邀在麦考瑞大学毕业典礼上发表演说时，热爱麦考瑞大学的这颗种子就被种下了。我认为，如果这所大学能聚焦它的研究力量、它的广阔校园和优越的地理位置、它初创时的愿景，它将具有巨大无比的潜力。这样，它就能够培育与众不同的优势，并追求它的比较优势。"

戴对麦考瑞大学发展优势与劣势的深入洞察，点燃了她对引领麦考瑞大学的激情与梦想。1986 年初，当麦考瑞大学面向全球公开招聘大学校长时，戴欣然报名竞聘。戴凭其对麦考瑞大学办学优势与劣势的洞察及她的创新性、企业化、国际化的办学理念，在戴自己意料之中、社会意料之外，成为澳大利亚首位大学女校长。

1987 年 1 月，戴·叶布瑞正式就任麦考瑞大学校长，此后 20 年，她将自己的全部精力和时间，融入到麦考瑞大学的创新性发展中，麦考瑞大学成为她生命中最华彩、最重要的部分。她的竞聘演说成为她再造麦考瑞大学的治校方略，她从这些方面着手改造麦考瑞大学，使之成为澳大利亚最优秀的大学之一，并具有国际影响力。

那么，戴是否是一位胜任称职的大学校长呢？在戴离职退休后，麦考瑞大学依次与戴共事的三位校监对戴为麦考瑞大学发展所作出的贡献，给予了高度评价。

戴的第一任校监、法官米歇尔·凯尔比说：

“戴从不吝惜赞美肯定别人。戴对他人的不吝赞美和慷慨，体

戴（右）与校监米歇尔·凯尔比（中）、法官玛丽（左）合影（麦考瑞大学校友会供图）

现在她对大学奠基者和早期学术前辈的快速认同上。她酷爱艺术，戴让麦考瑞大学校园里充满了艺术品、整个学校弥漫着艺术气息。戴完全没有任何的不公正的歧视。戴憎恨对女性的任何歧视，任职期间，作为一位杰出的女性，戴承受过巨大的压力。她是澳大利亚第一位女性大学校长，她取得了显著的成功。她做得非常棒，棒极了。作为一所创新性的大学，麦考瑞是一个令人激动的地方，这不是她一个人的大学，但戴的魅力和才智已经被深深地‘铭刻其中’。我很荣幸能与她一起工作。现在令人好奇的问题是：这个不断产生新思想和行动的精力充沛者，下一步要做什么呢？”

戴任期内的第二任校监蒂姆·贝斯利这样评价戴：

“为了大学的发展，戴是个韧性十足、目标感强和激情无限的人。她是一个能量巨大的工作者，领导着麦考瑞——澳大利亚的创新性大学，成为澳大利亚最优秀的研究机构之一。在我担任麦考瑞大学校监的八年期间，戴致力于建设和拓展麦考瑞大学研究与发展园——她的‘硅谷’。她推进在线电子学习，并让麦考瑞大学在新教学技术方面处于最前沿。”

戴任期内的第三任校监莫里斯·纽曼毫不吝惜其赞美之词：

“戴是我所认识的最卓越的人物之一。她是一个真正的绝无仅有的人。戴·叶布瑞非常朴实，具有很强的幽默感，具有令人惊奇的智慧。她富有同情心，当谈到麦考瑞大学的事情时，她又非常执着。”

第一章　来自英国德文郡的美丽姑娘

领导力不是天生的，女性领导力的培养需要从小开始。只要给予女性与男性同样的机会，女性同样可以“撬动地球”。

——戴·叶布瑞

在欧洲，最抢眼的艺术，莫过于油画了。在英国西南部，就有一幅鲜活的“油画”展现在面前——山水相映、风景如画的德文郡。德文郡位于英吉利海峡和布里斯托尔海峡之间，两面滨海。独特的地形地貌，孕育了英国历史上最早的居民。

戴出生的小村庄紧邻海边。她的祖先世代以捕鱼为生，与水结缘。她家住的房子外有一个花园，旁边的一条小溪蜿蜒而过，穿越其中，注入海峡。一方水土养一方人。作为英国的旅游胜地，德文郡鬼斧神工的天然美景，培养了戴对艺术特有的敏感。戴对水情有独钟，这多少影响到她以后对麦考瑞大学校园环境的改造设计。

“女性领导力从小就需要培养”

1941 年 3 月 25 日，戴就出生于德文郡的一个小村庄，这是一个宁静、美丽而淳朴的乡村。此时，英国正与法西斯德国进行殊死搏斗，整个国家陷入烽火连天的战火中。德文郡在德国的轮番轰炸下，已是断壁残垣，废墟一片。戴在这个小村庄里度过了一个苦难的童年。

1939 年 9 月 1 日，法西斯德国闪电袭击波兰，第二次世界大战爆发。1940 年 5 月，德国绕过马其诺防线进攻法国，法国很快沦陷，英法联军被逼集中到法国北部小城敦刻尔克。1940 年 5 月敦刻尔克大撤退后，希特勒旋即发动对英国的空袭，企图逼迫英国政府投降。为保家卫国，抵抗法西斯德国对英国的侵略，戴家里的成年男丁都应征入伍。

不幸的是，戴的父亲和两个哥哥都在前线牺牲了。幸运的是，尽管二战后英国经济艰难复苏，家庭经济拮据，但戴的祖母和母亲都很重视教育，认为好的教育对孩子的成长十分关键。戴的母亲想方设法地让戴接受良好的教育。教育改变了戴的人生轨迹，知识改变了她的人生命运。

父亲牺牲后,戴的祖母是家庭中心,对戴的童年生活影响巨大。戴的祖母在家庭里拥有绝对的权威，家里的事情几乎都是祖母做主。戴的母亲在嫁给戴的父亲之前是一家酒吧的招待，她美丽而坚强，帮着戴的祖母料理家务。戴的母亲节衣缩食、省吃俭用，攒钱让戴在 11 岁后就到伦敦接受了良好的中学教育，这让当地其他的孩子羡慕不已。随后，戴获得全额奖学金并进入伦敦大学法学院学习，最终以优异的成绩毕业。

戴说："我的祖母很关心我，如果我在学校没有完成作业，我会将作业带回家做，请教祖母，因为她接受过良好的教育。"在祖母的影响下，戴从小就是村里的孩子王，村里年龄相仿的孩子都愿意跟着戴玩游戏，跟着她学习。戴知道照顾别人，有强烈的责任感和荣誉感，孩子们跟着她总能得到保护和照顾。

戴后来回忆说，从她的成长经历来看，女性领导力的培养小时候很关键，女性领导力不是天生的，而是要给女性提供培养和展现能力的平台。只要给予女性与男性同样的机会，女性同样可以"撬动地球"。

接受多元文化的熏陶

戴是幸运的，尽管家里拮据，但却拼尽全力保证她能接受良好的教育，尤其是一般人难以接受的艺术教育。戴的叔叔是一个爵士乐音乐家，戴耳濡目染，在小的时候就受到各种艺术熏陶。

1952 年，11 岁的戴已是亭亭玉立的少女了。在祖母和母亲的鼓励支持下，她离开文化单一的德文郡小村庄，来到国际化、多元文化并存的大都市伦敦求学。穷人的孩子早当家，从这一年起，戴开始一人独立学习、生活、闯荡社会。当时，英国的中学几乎都是寄宿制的，学生统一住在学校。

初到伦敦的戴，对外面的世界充满憧憬和好奇。她站在伦敦维多利亚火车站，当看到非洲人和中国人穿着异域风情的服装，说着不同的语言时，兴奋和激动之情油然而生。戴站在那里出神地思考：

这应是我长大后要过的生活，这才是世界应有的美丽与多姿。

伦敦作为日不落帝国的首都，曾经是世界政治、经济、文化集散中心。尽管二战后已经陨落，但伦敦作为世界金融中心的地位却始终不可或缺，作为世界优秀大学集中地的地位依然无法撼动，伦敦依然是一个多元文化交汇融合的国际化大都市。伦敦的十几年学习生活，为戴打开了了解世界、学习新知的全新窗口。

早期的中小学学习以及本科阶段的学习，对戴的一生至关重要。伦敦是一个国际化、多元文化并存的大都市。在伦敦，戴就像一块干瘪的海绵被抛进大海一样，贪婪地吸取着各种知识营养。她积极接触各个民族的人及各种文化，并从这种多元文化中汲取营养和智慧。

多元文化、多语言并存的国际化环境，给戴留下了难以磨灭的印象，并培养了她的国际化视野和对多元文化的尊重，以至于十几年下来，戴形成了多元文化兼容、多元种族并包的跨文化交流观。戴自己后来回忆说，在伦敦生活十几年后，她已经变成了一名坚定的国际主义者。

这种国际化意识的育成，为戴以后在麦考瑞大学倡导多元文化和谐共荣埋下了种子。这颗种子一旦遇到肥沃自由的土壤，它必将开出多元文化和谐共荣之花。后来的麦考瑞大学就是这样的一片肥沃自由的土壤,它让戴的多元文化和谐共荣的梦想变成了现实。

坚强、自信女性的典范

如今，年过七旬的戴，回忆起自己童年的点点滴滴、回忆起自己走过的求学与奋斗之路，她有自己独特的人生感悟。她坚强的精神与自信及继承自祖母与母亲的坚韧性格，构成了她人生走向成功的支点。

家庭的贫困、祖母坚强的性格，让戴从小就开始承担起与其年龄不相称的责任，培养自己的女性领导力，并致力去取得突破。她知道，社会对男性和女性的期望不一样，女性很难与男性一样接受教育。她珍惜一切来之不易的机会，积极参与各种活动。当排练剧目时，她愿意承担责任去组织指挥别人做事，从而慢慢养成这种责任感和领导力。

一位女性教育家是如此评价母亲在家庭教育中的作用的："如果你在家教育儿子，就是在教育公民；如果你在家教育女儿，就是在培养整个民族。"戴的成长，生动地诠释了这句话的真谛。她的母亲是位非常美丽的女人，戴的优雅和美丽源于母亲。戴的父亲在前线牺牲后，她的母亲给孩子们找了一位继父。遗憾的是，继父不久也在战争中牺牲。不幸的戴，自小就是由祖母、母亲和姑姑抚养长大的。

在戴小的时候，她的母亲曾经有一段时间过得非常糟糕。有谁能禁受住屡屡丧子丧夫之痛的打击呢？但她坚强乐观，带着戴和几位姊妹笑着面对未来。现在，母亲是戴最大的牵挂。戴的母亲已经92岁，身体依然健朗，与戴的姑姑一起住在伦敦，彼此照顾。戴几乎每晚都会电话问候她，每年都要回英国看望母亲。

在戴看来，母亲对女儿是否具有领导才能的影响力很大。女性领导力并不是碰巧降落或发生在女性身上。戴认为，她之所以具有领导力，首先是因为她有一位坚强的祖母，不断鞭策自己进步；其次是她有位性格外向、积极张罗家庭事务、积极参与社会事务的母亲。一个成功女性，要成为公众关注的焦点，应该积极参与各种组织活动，培养自己的领导力。

但仅凭这些还不够，戴认为，自信是女性走向成功的基础。女性一定要相信自己可以做任何事情。这种自信要从小就培养。女性应自信，要敢于把自己的想法告诉人们。用戴自己的话来说："要相信麻雀也能变凤凰。"戴的母亲原先是酒吧的招待，戴的其他几个朋友也是从草根阶层一步步发展起来的。有个朋友是矿工家庭出身，另一个朋友则是修路工人家庭出身，但他们都取得了事业上的成功。

"出身不能决定一切，是你自己的自信和追求决定一切。"这是戴根据自己的经历总结出来的一句话。她认为自己的成功是依靠自己一步一个脚印、一个岗位连着一个岗位逐渐积累起来的。"我全身心地投入工作，从早上起来一直忙到晚上，我几乎没有休息的概念，长年如此，我不是那种看到一只老鼠就尖叫的女人。"

第二章　孜孜不倦、博学多才的筑梦者

我是一个乐观主义者，但同时我也是一个改良主义者。如果我发现乐观的看法有实现的机会，我就必须努力去实现它。因此，更准确地说，我是一个行动主义者。我不会坐在后面，不作出任何努力，不作任何战略定位，期待着事情发生。

——戴·叶布瑞

如果你能战胜苦难，那么苦难就是成长的良药。在祖母和母亲的引导示范下，在困境中成长起来的戴，自小精力充沛、兴趣广泛，对知识有着无穷的渴望。在中学和大学学习期间，戴培养了诸多的艺术爱好。对音乐、绘画、写作等各种艺术，戴都有浓厚的兴趣，并且曾专心学习过。更为难得的是，这些广泛的兴趣爱好她都能保持至今。

博学多才，求学名校

时间过得飞快，转眼戴就高中毕业了，她以优异的成绩同时获得了德文郡奖学金和国家奖学金，并进入伦敦大学法学院学习法律。

创建于 1836 年的伦敦大学，位于伦敦市中心一区，是英国著名的综合性大学之一。当戴第一次到伦敦时，被伦敦大量的绘画和雕塑迷住了，一个英国博物馆就是一本鲜活的艺术百科全书，伦敦大学也有相当多精彩的艺术品。从偏僻的德文郡到繁华的伦敦，给她打开了一个全新的世界，让她接触到种类繁多的文化和艺术形式。

伦敦大学著名的议事大楼（图片来自网络）

1962 年，戴从伦敦大学毕业，获得法学学士学位。随后，她又获得了国家奖学金资助，到曼彻斯特大学攻读工业管理专业，于 1963 年获技术科学的硕士文凭。当时，英联邦的不少国家，如加拿大、澳大利亚的高校纷纷向英国高校的学生提供国家奖学金，以吸引他们前往留学。戴经过慎重考虑，最终选择了澳大利亚的墨尔本大学。

1965 年，戴带着对多元文化的憧憬，只身一人漂洋过海，来到澳大利亚。澳大利亚是一个典型的移民国家，文化多元，民族多样，国土辽阔，物产丰富，经济发达，十分宜居。墨尔本又是世界上最宜居住的城市。到澳大利亚不久，戴就喜欢上了这个国家和城市。她想，这也许就是自己今后工作和生活的地方。

到了澳大利亚以后，戴迫于生计，先在莫纳什大学找了一份教职。从此，戴就将自己的一生与澳大利亚高等教育事业的发展紧密联系在一起，并取得了众人瞩目的成就。在莫纳什大学工作几年后，戴才进入墨尔本大学攻读工业关系与工业法的博士学位。

创建于 1853 年的墨尔本大学，被称作是南半球的“牛津”，是澳大利亚最优秀的研究性大学，在教学与科研方面享有卓著声誉。墨尔本大学的学习环境和课程具有国际多样性及文化多元性，吸引了全球各地才华横溢的人才到此学习、工作和访问。不脱离英国的文化习俗，又具有国际多样性和文化多元性，这正是戴向往的大学校园氛围。

1973 年，戴如期获得了墨尔本大学的博士学位，并在新南威尔士大学获得管理学教职。在墨尔本大学优秀校友名单中，戴因其担任麦考瑞大学校长期间对澳大利亚高等教育作出的杰出贡献赫然在列。

墨尔本大学最古老的建筑，曾是墨尔本大学法学院（龙小农摄）

戴一直酷爱艺术，在中学和大学学习时期，她培养了自己广泛的艺术爱好，喜欢跳舞、喜欢爵士乐、喜欢中国音乐、喜欢绘画和雕塑等各种艺术。无论是音乐、绘画还是弹钢琴，戴都是一把好手，但她不想把艺术当作自己的职业选择。

戴说，要做一位艺术家太辛苦了，太困难了，把艺术作为自己生活的一部分，则会让自己的生活丰富多彩，增添许多情趣。戴后来选择法学和管理学作为自己的专业和职业生涯，但艺术爱好却构成了她生活中不可或缺的一部分。

转任多职，阅历丰富

戴博学多才，兴趣广泛，乐于交游，对不少领域都有自己的独到见解。这让她得以充分了解社会，并在学校的各种社会团体中担任职务。任职麦考瑞大学校长之前，戴除了在莫纳什大学、新南威尔士大学任教以外，还曾在澳大利亚的政府部门、行业委员会、艺术机构和商业机构兼职。凭借良好的教育背景、出色的管理能力、优秀的沟通能力，戴开创了澳大利亚多个女性第一：

1974 年，戴被任命为澳大利亚公共服务办公室首席助理秘书；1976 年，戴获聘为新南威尔士大学管理学院教授，成为澳大利亚第一位管理学女教授；1983 年戴成为澳大利亚联邦高等教育委员会大学理事会高级职员；1984 年戴兼任澳大利亚艺术委员会主席；1987 年戴成为澳大利亚第一位大学女校长；1995 年戴成为澳大利亚教育国际开发署第一位女性总裁……戴以其渊博的知识和广阔的视野，打破了笼罩在女性头顶上的那一层层“玻璃天花板”，令人惊叹。

作为一位活跃的学者、社会活动家和艺术收藏家，在其广泛的职业生涯中，戴多次获得各种殊荣。1984 年，戴获得澳大利亚员佐勋章；2001 年，戴获得澳大利亚官佐勋章[①]；2002 年，澳大利亚举行建国 100 周年纪年，戴因其对澳大利亚高等教育发展的突出贡献，被授予百年纪念勋章；同年，在由澳大利亚电信公司冠名的评选活

---

① 英文名称为 Member, General Division, Order of Australia，是由澳大利亚女王伊丽莎白二世女王于 1975 年设立的一个勋章。勋章共分四个等级，依次是爵级勋章、司令勋章、官佐勋章和员佐勋章。

动中，戴当选为年度最佳商业女性。

戴对艺术品的爱好由来已久。从1970年开始，戴迷上了艺术品收藏，成为艺术品收藏家。她艺术修养深厚，对艺术品收藏相当精通，很快成为这个领域的权威人士。1984—1986年，戴被推选为澳大利亚艺术委员会主席，直到1987年履职麦考瑞大学校长后，才卸任此职务。

澳大利亚39所大学之间有一个联合协调机构——校长委员会，由各大学现任校长参加。2002—2003年间，她被选举担任该委员会副主席。2003年8月，戴被校长委员会的同僚选举为委员会主席；2004年1月1日，她正式兼任校长委员会主席，为期两年。自从校长委员会1920年成立以来，戴是第二位担任此职务的女性校长。以戴在澳大利亚大学校长群体中的影响力，她在2004年就任主席，已是水到渠成、众望所归。

澳大利亚储备银行总裁、戴在莫纳什大学时候的同事约翰·麦克法兰，2004年4月14日曾应戴的邀请，到麦考瑞大学做《世界经济及其对澳大利亚的意义》的主题演讲。他认为，戴是一位在各方面都取得了巨大成就的校长。在20世纪60年代末，那时戴在莫纳什大学任讲师，而麦克法兰则是莫纳什大学经济学院的一个辅导员。

2005年开始担任麦考瑞大学校监的莫里斯·纽曼教授说："戴·叶布瑞是我所认识的最卓越的人物之一。她是一个真正的绝无仅有的人。戴·叶布瑞非常朴实，具有很强的幽默感，具有令人惊奇的智慧。她富有同情心，但当谈到麦考瑞大学的事情时，她又非常执着。"

澳大利亚土著艺术的铁杆粉丝

良好的家庭教育和浓厚的艺术兴趣，让戴从中学开始就不断涉猎各种艺术知识。这为戴进入大学后继续拓展自己的艺术视野奠定了良好的基础。伦敦是一个艺术大熔炉，戴在伦敦接受过系统、专业的教育，具有渊博的知识，自然也接受了各种艺术的熏陶。

到澳大利亚后，戴深深地爱上了当地土著艺术，麦考瑞大学因此也成为她酷爱艺术作品的受益者。在戴担任麦考瑞大学校长期间，她为学校建设了美术馆、展览馆等各种文化场馆，收藏了大量艺术品，并建设了澳大利亚大学校园内首屈一指的雕塑园。

澳大利亚是一个多元种族聚居的国度，在17世纪初欧洲殖民者来临之前，澳大利亚土著居民按照自己的发展轨迹，创造了瑰丽璀璨的土著文化，并流传至今。澳大利亚土著人创造的土著文化艺

戴的家中过道上悬挂的各种艺术品(龙小农摄)

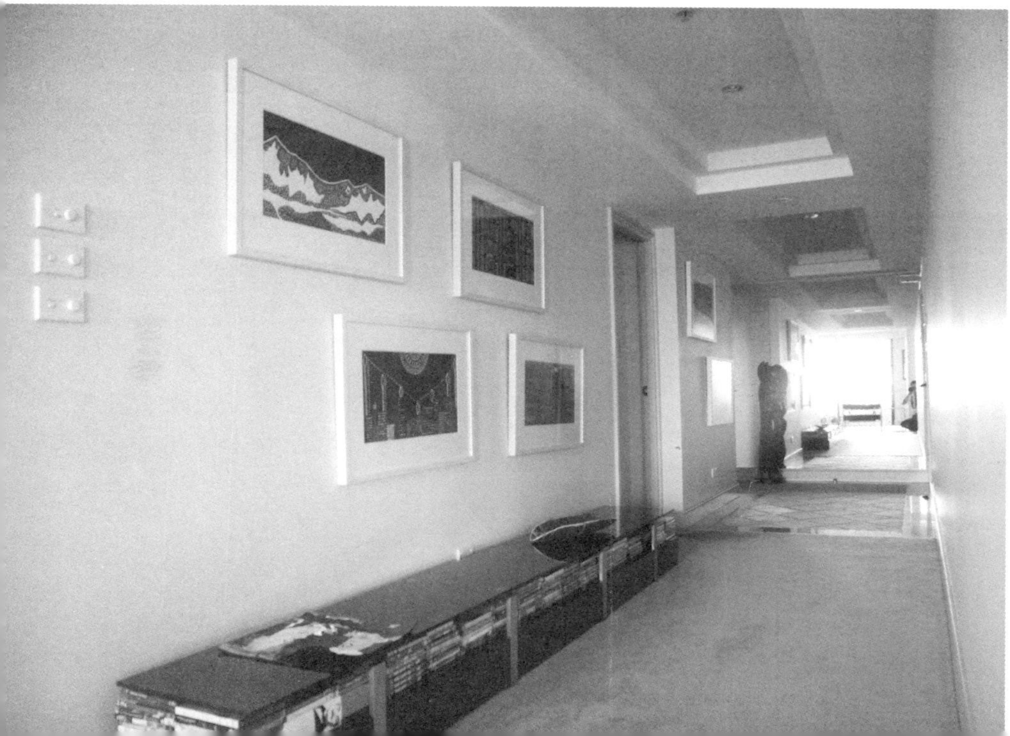

术，是当今澳大利亚瑰丽夺目的文化的重要组成部分。现在，澳大利亚土著文化的价值越来越被人们所认识，并成为现代艺术创新的源泉与灵感。

澳大利亚土著文化的历史可以追溯到两万年前。当地土著人有丰富的口头传说，有与祭祀有关的原始舞蹈，但最为突出的还是绘画和雕塑。绘画是土著人记录历史、延续文化的一个重要的手段。土著绘画的内容以梦幻为主题，主要描绘各种神话传说及土著的风俗习惯和生活情景。土著绘画的形式主要有石壁画、树皮画和沙石画，颜色多取褐、白两色。

如果说土著人生活中有哪些东西能够引起白人们的赞赏和共鸣，那么，首当其冲的应该是土著艺术。澳大利亚土著人虽处在较为原始的生活环境中，但他们的文化艺术却相当发达，令不少当代艺术家们叹为观止。今天，土著艺术已同现代艺术一起成为澳大利亚当代艺术的两大流派。有人用“梦想”两字来概括澳大利亚土著艺术的全部，颇为贴切。土著人透过艺术的梦想，跟他们的祖先进行心灵交流。在梦想的世界里，人们仿佛看到了关于天地创造、民族起源的神话。从梦想中看到了《伊索寓言》的童话和充满幽默、迷离、古怪的小插曲，对于土著人来说，梦是内容丰富而与现实有内在联系的观念，它包括价值与精神。梦实际上是一种信仰，土著人相信，人生前死后永远结合在一起。他们把做梦看作是创造万物之始，并对梦加以口述，代代相传，从而保证土著文化和社会的连续性。

尽管澳大利亚有丰富的土著艺术，尤其是雕塑和绘画，如何保存和传承却一直没有得到应有的重视，只是近十几年来，澳大利亚政府才开始重视保护土著居民的艺术遗产，并在竭尽全力保护它、发展它。最近一些年，在中国的北京、上海，美国的纽约、法国的巴黎、德国的杜塞尔多夫、俄罗斯的莫斯科等城市先后举办过澳大利亚土著艺术展览，并引起了轰动。它的特殊魅力在于，有一股直接来自于祖先的艺术魅力。取自大自然，又回归大自然，是土著艺术的一大特色。石块、木头、树皮、羽毛、动物骨头、泥土等等都是土著人艺术创造的工具和载体。梦想和纯真是土著艺术的生命力所在，也是引起现代艺术家极大兴趣的主要原因。

戴到澳大利亚后不久，她就被土著文化艺术强大的想象力、张扬的生命力深深吸引，成为土著艺术的铁杆粉丝和保护者。悉尼尽管已是现代化的都市，但依然保留有厚重的传统文化气息。生活在悉尼，戴保留了在英国积极参加各种社团活动的习惯，积极参加各种有关土著艺术的俱乐部活动，参加大量艺术和社团活动。戴现在住在著名的悉尼歌剧院后面的公寓里，站在自家的阳台上就可以看到悉尼歌剧院，甚至能听到歌剧院飘出的歌声。她所住的公寓距离著名的悉尼歌剧院仅 100 米之远。

戴的家就是一个艺术品展馆，墙壁、地面、壁柜等都装饰着各种艺术品。置身其中，方能切身感受到戴对艺术的痴迷和陶醉。戴在给客人介绍那些艺术品时，眼睛里总放射出一种迷人的光芒，脸上洋溢着孩童般的微笑。艺术化、诗意化存在，是她生命中最瑰丽的颜色。

戴对音乐、戏剧、绘画等艺术都有浓厚的兴趣。闲暇的时候，戴自己也会画点东西，怡然自得。懂得生活，懂得品位，才能更好地投入工作。戴是这一原则的忠实践行者。

澳大利亚土著艺术的辉煌与灿烂，也让戴认识到土著人对澳大利亚文化发展的杰出贡献，土著人也应与白人一样享受澳大利亚现在的发展与繁荣。也许是爱屋及乌，戴在任职麦考瑞大学校长时，尽力创造条件，让土著人能够接受现代高等教育，并且在澳大利亚纪念建国百年之际，参加向土著人表示歉意的活动。

出任澳大利亚首位大学女校长

1986 年，麦考瑞大学面向全球招聘大学校长。时任新南威尔士大学管理学院教授，同时兼任多种社会职务的戴，决定去试试自己是否真的与麦考瑞大学有缘。这一去，改变了麦考瑞大学的发展轨迹，同时也改变了戴的人生轨迹。这两种改变的结合，再造了麦

戴家里陈列的雕塑品（龙小农摄）

考瑞这所创新性大学。

戴因出众的才华、过人的管理经验、清晰的发展规划，在众多应聘者中脱颖而出，成为澳大利亚历史上首位大学女校长。这一消息，竟然登上了澳大利亚电视新闻的头条。当时澳大利亚依然是一个男权盛行的社会，而戴担任大学校长，打破了女性无法担任高级社会职务的“常规”。

戴在就任麦考瑞大学校长之前的工作经历，让她对澳大利亚高等教育发展的国内国际生态环境，有着清醒的认识；对麦考瑞大学创建者的初衷和麦考瑞大学过去 21 年的发展历史及未来的发展走向有着深刻的思考。这些都体现在戴就任校长的演说中。她敏锐地意识到，澳大利亚高等教育正在酝酿新一波的变革，她要在这轮创新变革中，做时代的弄潮儿。

戴担任校长伊始，即将自己的想法付诸行动：设置专职主管科研的副校长，组建学术团队，全力支持科学研究，获取更多资金支持，走科研强校之路；积极发展国际合作，资助学生走出国门游学，同时加强对学校的国际推介，吸引更多海外学生来麦考瑞学习，坚定

戴就任麦考瑞大学校长的聘任仪式（麦考瑞大学校友会供图）

走高等教育国际化之路；积极与各种公司企业合作，利用外部资金和资源，不断增强麦考瑞的办学实力，拓宽资金来源渠道，走产业兴校之路。

当戴被任命为麦考瑞大学校长时，可谓正是麦考瑞的多事之秋、危难之际。当时，麦考瑞面临的困境是，澳大利亚政府用于资助高等教育发展的资金非常紧缺，未来资金将会变得越来越紧缺——对资金的竞争也将越来越激烈；各所大学都被号召通过自己的努力来补充办学资金；大学与企业建立紧密关系成为第一要务；大学的高等教育和职业技术、继续教育被要求有更多的互动，尤其在资源的利用方面更是如此；各部门之间旧的区别正被打破；政府与其机构似乎更多地扮演着高等教育发展干预者的角色，在研究进程方面也是如此。

箭在弦上，不得不发。戴一到麦考瑞大学就大刀阔斧地实行改革，立足麦考瑞大学的地理位置优势、学科优势，着手与企业和政府开展合作，在校园建设研究发展园区。戴对麦考瑞的创建者选择在悉尼北部这样的位置优越、前景广阔的高新技术区作为校址，由衷地敬佩。

创建者们为麦考瑞大学的发展奠定了坚实的基础。尽管在戴任职麦考瑞校长时，可以说是受命于危难之际，但她充分认识到了创建者为麦考瑞大学发展作出的不可磨灭的贡献。戴任职后的第一件事，就是给麦考瑞大学的创建者颁发名誉证书，表彰他们为麦考瑞大学所作出的贡献。

面对政府日益减少的资金支持，重新确定麦考瑞大学的战略规划，引进咨询和决策机制，使麦考瑞大学现有机构和团队转型为

1987 年戴·叶布瑞在校长办公室留影（麦考瑞大学校友会供图）

有前瞻性、有计划性、有目的性的组织机构和领导团队，是戴的首要任务。她认为，这个机构应具有这样的特征：有强烈的责任意识；能预见并快速地回应所遇到的机遇和挑战；成为工作效率更高、成效更大的实体，能够让政策、计划与资源配置之间更有效地融合。

1987 年，麦考瑞大学因戴的到来，掀起了一场改革大潮。为带领麦考瑞度过危机，戴重建麦考瑞学术委员会；废除部分过时的委员会，同时建立了学术、政策、规划委员会；实行高级职员执行会议制，并确立了与员工联合会新的协商机制。1987 年，戴提出的战略计划主要集中于以下几个方面：建立决策性、组织性机构和协商机制；制订学术政策和规划；制订科研政策和校园发展规划；制订金融财政管理规划；制订人事管理规划和与本校外部社区的联络和互动规划。

俗话说，新官上任三把火，但如果不小心，也可能引火烧身。1987年，戴刚到麦考瑞大学任职就遭遇该校两个主要学院——行为科学院和法学院的专业评估事件。评估后发布的《皮尔斯报告》是1987年公布的一个充满争议性的评议书，它评估了澳大利亚所有的法学院。尽管《皮尔斯报告》很欣赏麦考瑞大学的各种研究成果，但1987年它给麦考瑞大学提出的最主要的建议是法学院将逐步被淘汰或者分裂，因为其内部分歧众多。

《皮尔斯报告》给出的建议，无疑给戴出了一道难题。当然，该学院也得到了很多人强有力的支持，有新南威尔士州的首席大法官、有法律界人士，也有学术界团体。为保全自己，麦考瑞大学法学院正式向联邦高等教育委员会提议——麦考瑞大学自己会处理好法学院内部的问题。

好的开始，等于成功的一半。任职一年下来，戴对麦考瑞的最大贡献，就是将战略规划管理引入麦考瑞，这为麦考瑞以后稳定高效的发展奠定了框架基础。那么，戴将引领麦考瑞走向何方？听听她的同事和领导在戴离任时的评价吧。

对于戴的多才多艺、杰出成就，2003年开始担任麦考瑞校监的莫里斯·纽曼先生曾感叹道："作为一位刚刚上任的校监，我只有羡慕她独特的人格魅力,这种魅力促使她突破男人世界的束缚，带领着她挚爱的麦考瑞大学，走到了高等教育界的顶峰。由于她的无私奉献和杰出的领导才能，麦考瑞大学牢牢确立了教学和研究卓越机构的地位，在海内外声誉卓著。她使接受高等教育的灵活性得到了增强，并且留下了一种关怀备至、兼容并蓄、富于创造的文化——这是一种真正的永续的财产。所以我所说，戴·叶布瑞是一位成就卓越的人。”

澳大利亚教育部部长尼尔森说：“戴·叶布瑞教授实现了全身心思考和关注人的目标，她取得了巨大的成功。戴·叶布瑞教授把麦考瑞大学带到一个显著的位置上。我很敬重她，校监和董事会成员看到了一个在澳大利亚管理得最好的大学。她与各方人士打交道的能力，反映了她作为一个人所具有的实力、睿智度和敏感度。”

“金鱼缸里的金鱼”

作为澳大利亚高等教育史上第一位大学女校长，她任职时年龄最小、任期却最长。戴一直是媒体关注的公众人物。从就任到离职，一切都在众目睽睽下进行。用戴自己的话说：“我就像在金鱼缸里游来游去的一条金鱼，总是处在被人注视的境地，大家都在看我能否胜任。这样的情况，我以前在政界任职的时候也遇到过。”

也许是经常与媒体和各界人士接触的原因，戴拥有出色的口才和演说能力，善于并乐于将自己的想法和故事分享给别人，哪怕是第一次见面，她的表情和语气总能消除彼此之间的陌生感。只要你给她话题，给她时间，你剩下来要做的，就是做一个忠实的听众好了。她的语言丰富生动、音调抑扬变化，表情恰当得体，以至于听她演讲，就是一种享受。面对摄像机和照相机，她从容自若，话匣子一旦打开，故事就娓娓道来，足见她应对媒体采访的娴熟。

不过，即便拥有卓越的口才和沟通能力，戴依然难以逃脱媒体

戴于2011年11月接受中国媒体采访（龙小农摄）

的误解与偏见。作为一位女性，担任大学校长这样重要的职务，而且是澳大利亚首位大学女校长，难免会引发一些人的非议，难免会成为众人关注的焦点。1986年年底，戴被任命为麦考瑞大学校长。她的任命成为澳大利亚国家电视台的头条新闻。其实，在1986年，澳大利亚已经有一位女性教育部部长冯·苏珊·瑞恩、一位女性政府部门首长海伦·威廉姆斯。尽管这三位女性只在澳大利亚公共权力中占据极为微小的一部分，但澳大利亚媒体还是有“女性接管权力”的惊人话语冒出。

作为女性，戴遭遇到的困难和误解，不身在其位是很难体会得到的。戴认为，成功面对媒体的关注、回应社会的疑问，是一位成功女性领导需要克服的难题。2011年11月4日，卸任后的戴，在出席第五届“世界大学女校长论坛”时，就专门在演讲中向与会者谈到澳大利亚社会对女性领导人的态度和偏见问题。

1986 年，当戴被任命为首位女大学校长时，曾发生过一些有趣的事情。有人甚至提出了一项动议，要求调查戴的婚姻情况，以及她是否和学校董事会的某位先生有染。结果他们调查发现，那位董事会的先生其实是一位“同志”（男同性恋者）。他们同时还调查戴的学历背景和工作阅历，虽然戴自认是一位优秀的女性，但是他们依然对戴这么做。然而，这样的事情从没发生在大学的男校长身上。

戴说，大学女校长管理的学校一旦出了任何状况，就会引起男性很大的反应和过多的关注，并且倾向于把所出的问题与女性因素联系在一起，但是男性校长管理的学校可能情况就要好得多。经过这么多年舆论的“洗礼”，戴不得不承认，作为管理层中的女性高管，对一个管理层大部分都是由男性组成的学校来说，大学女校长的确很难做。如果有更多的女性走进管理层，情况可能就会好得多。

即便是最基本的薪酬待遇，女性与男性在澳大利亚也难以实现同工同酬。1992 年，尽管戴和西澳大利亚大学女校长费·嘎勒一样，在大学校长岗位上拿着最低的薪酬，但当她们俩的薪酬提高到男性大学校长平均薪酬标准时，又引起了媒体的喧闹，一些新闻媒体甚至登出了带有性别主义倾向的报道。毫无疑问，澳大利亚早期的大学女校长遭遇的不公正对待，不可能发生在男性大学校长身上，媒体也不会用如此消极负面的方式来报道。2007 年，当戴离任时，继任者对她提出的不准确指控，甚至引发了澳大利亚媒体界更大的轰动。

但是，澳大利亚首位大学女校长的诞生，为澳大利亚大学校长委员会吹来一股清新之风。戴刚上任的几年，每逢召开澳大利亚大学校长委员会会议时，都会出现一个非常有意思的情景——按照会议议程的规定，校长们在正式会议开始前必须把陪同人员，包括自己的妻子送走，于是戴成了正式会议上唯一的女性。令戴感到欣慰的是，在她就任麦考瑞大学校长之后，澳大利亚相继有10位40岁左右的女性担任大学校长或副校长。她们的工作都很出色，整个社会也开始给予她们更多的关注。

如今这种情形已大有改观，澳大利亚有越来越多的女校长渐渐进入了人们的视野,成为澳大利亚高等教育界一道美丽的风景线，成为改变高等教育权力结构的温柔力量。戴再也不是金鱼缸中唯一一条游来游去的金鱼了。自然，金鱼缸里面的金鱼多了，注意金鱼的人自然也就少了。

在澳大利亚涌现出的不少女性大学校长中，不少都是来自海外的学者，如新英格兰大学校长英格瑞德·莫西斯，来自德国；悉尼大学副校长朱迪斯·甘丽雅，后又到新西兰梅西大学任校长，来自英国。对澳大利亚来说，戴同样是外国学者，同样是在异国的大学担任校长。

然而，对于校长这一职位，同为女性的她似乎有着与他人截然不同的看法。一般男校长经常在工作一段时间之后，会去一所更有前途的学校寻求发展。然而，戴选择麦考瑞大学后，却不离不弃，

戴于1987年11月首次参加澳大利亚大学校长委员会会议，左边第三位为戴（麦考瑞大学校友会供图）

直到 2006 年 2 月她因年事已高而离职，但在离职后一年多的时间里，还担任麦考瑞大学海外宣传形象大使。

在麦考瑞大学工作过 20 年的戴从没想过到其他学校去。戴的学生曾经问她会不会离开麦考瑞大学，她说："不会，所以如果我跳槽的话，我的学生也不会原谅我的。其实我并不在乎学校的规模，我所期待的是能够提升学校的价值。"

戴在同一次演讲中还提到，相比男性来说，女大学校长往往更有包容性，也更富有同情心，女性的管理能力其实一点也不逊色于男性。戴认为，包容性和同情心让女校长这个管理者能把工作做得更好。戴认为，国际论坛，尤其是由中国传媒大学校长刘继南教授于 2001 年发起的"世界大学女校长论坛"，更能发现和培养传媒界与教育界的精英。

因为一个私人原因，"世界大学女校长论坛"对戴来说意义很特别。2011 年 11 月 4 日，与戴一起从澳大利亚来中国参加第五届"世界大学女校长论坛"的还有澳大利亚另一位大学女校长——朱迪斯·甘丽雅。戴和甘丽雅如此热心参加该论坛，源于她俩与中国大学女校长的深厚友谊。2003 年年初，中国教育部组织一批中国的大学校长到澳大利亚参访交流。参与接待的戴和甘丽雅注意到，在这些大学校长当中没有一个是女性。借这次交流，戴和甘丽雅认识了一位中国教育部的官员，她们向这位中国官员建议说，为什么不组织中国大学的女性校长也来澳大利亚访问呢？这位官员当即表示强烈支持。

2003 年 11 月，在中国教育部的组织协调下，首届"中澳女大学校长论坛"在麦考瑞大学举行。中方代表团由教育部副部长吴启迪、教育部国际合作与交流司司长张秀琴、中国传媒大学校长刘继南、北京外国语大学校长陈乃芳等八位代表组成。论坛由麦考瑞大学主办，戴全程参与并主持论坛开幕式和闭幕式。论坛以“变化中的大学领导与管理特点”为主题，进行了深入探讨。中国传媒大学校长刘继南教授应邀做了《一位女校长对中国高等教育的几点意见》的主旨发言。

借助“中澳大学女校长论坛”，戴结识了世界大学女校长论坛的发起人——中国传媒大学校长刘继南教授并成为好朋友，继而成为“世界大学女校长论坛”的常客。“世界大学女校长论坛”定期把各国的大学女校长聚集在一起，交流治学心得、切磋治校之道。这对戴来说，意义非凡，大凡有关该论坛的活动，她都积极参与。遗憾的是，由于忙于筹备组织麦考瑞大学建校 40 周年校庆，2004 年 9 月在北京召开的第二届世界大学女校长论坛，戴没能参加。随后的 2006 年第三届论坛、2011 年第五届论坛，戴都专程赴中

首届“中澳大学女校长论坛”在麦考瑞大学举行，图为部分与会者合影（周丽娜供图）

国与会并作主旨演讲。

作为职业女性，戴在麦考瑞大学的成功，迄今在澳大利亚高等教育界，依然无人能望其项背。但作为家庭女性，戴认为自己做得很糟糕。她毫不隐讳地说："我做得非常糟糕。当我还是个年轻女孩的时候，我也结过婚。我想我和丈夫分开的原因之一，就是因为我们两个人都很努力地工作，无法照顾家庭。分开之后我们依然是很好的朋友。"

戴对自己热爱的工作投入了无限的激情，一工作起来就像"拼命三郎"，以校为家，工作就是生活。不过，她并不因此而后悔。戴说，有着稳定婚姻和家庭的女性，大部分很难同时有很优秀的事业。有时，鱼和熊掌不可兼得。戴也想有幸福美满的家庭，但正如她所说的"当你是一个工作狂的时候，你很难实现这一点"。

那些追求事业的女人则要么是离婚，要么等她们的孩子长大到足以照顾自己之后再出来追求事业，这些事业女性中很少有稳定的家庭关系。当然，这既有女性自身社会角色定位的原因，也与社会对女性充满偏见和歧视有关。戴的这些话在另一位澳大利亚大学女校长朱迪斯·甘丽雅身上得到印证，这位杰出的女校长终身未婚。

当 1986 年戴被任命为大学校长的时候，一位男性老校长曾对她说："我真的很难相信你能管理好大学，做一位大学校长。因为你不像男人，有一位完全付出的、在背后支持他的妻子。那些成功的男性背后一般都会有一位强有力支持他们的妻子。"是的，这是社会现实，又有多少男性愿意默默站在成功女性的背后，做她们强有力的后盾呢？

不过戴认为自己非常幸运，虽然她和丈夫最后分手了，也没有自己的孩子，但是她有侄子和侄女，他们跟戴非常亲密。他们也有了自己的孩子，孩子们亲切地称呼戴为戴奶奶，并且对待戴就像对他们的亲奶奶一样。戴认为自己是一个非常幸运的女人。在戴家里的多宝格上，放着好几张她的侄子侄女及孙辈们的照片。她对他们的喜爱和思念由此可见一斑。

关于平衡事业与自己兴趣爱好之间的关系,戴同样是如此幸运。尽管因为一心忙于事业，与丈夫分手，但戴能做自己喜欢做的事情，并且在一所她精心经营的大学里做她喜欢做的事情，她十分幸福。她热爱各种艺术，热心公益活动，尤其热爱音乐艺术和澳大利亚土著艺术。在担任麦考瑞大学校长之前，她是一个乐团的首席艺术家，并且是澳大利亚小有名气的艺术品收藏家,而且这种嗜好保持至今。

摆在戴家中的侄子侄女的全家合影（戴·叶布瑞供图）

作为大学的引领者，戴每天辛苦忙碌，建章立制，精心擘划，为麦考瑞大学留下宝贵经验和珍贵财富。那么，在挚爱的工作之余，她又给自己留下了什么呢？不得不佩服的是，戴是一个精明的时间管理者，在合理安排繁忙的公务之余，她也不忘忙里偷闲，保持并发展自己的兴趣爱好。

戴每天 6 点起床，用完早餐即到办公室，然后工作到晚上 12 点。她几乎天天如此，这就不难理解她哪来那么多时间，怎么能同时保持这么多的兴趣爱好，工作、怡情两不误。看来，成功者都有一个共同点，那就是做时间的主人，跑得比别人快点，起得比别人早点，睡得比别人晚点。

第三章 麦考瑞大学校园环境的塑造者

这片土地及校园设计的基本原则是保护好它的开放性，允许我们将之变成真正自然美的东西。在这个充满活力的高科技院落里，我们拥有这个自然乐园。通过形态各异的雕塑、风格多样的建筑、精心设计的景观，校园的独特魅力得到增加，它不但给我们知性的熏陶，也给我们审美的享受。

——戴·叶布瑞

美丽的麦考瑞大学依山而建，依水而筑，藏身于澳大利亚最大的高科技园区里。独特的地理位置，丰厚的社区资源，为麦考瑞大学在短短数十年内跻身为澳大利亚最优秀大学的行列，奠定了得天独厚的自然条件和物质基础。

独特的地理位置摆在这儿，但是如何利用这种天然优势，却不见得人人都会，这需要大智慧、大手笔。麦考瑞大学“慧眼识珠”，因为它选择了善于因地造势、因时造势的戴，做它的校长长达20年。这20年，戴再造了麦考瑞大学美丽的校园。

洞察麦考瑞大学的位置优势

有时，一所大学所处的位置，很大程度上决定了大学的发展方向和发展优势。如何因地制宜、扬长避短，创造自己发展的比较优势，是大学校长必须思考的问题。作为麦考瑞大学美丽校园的总设计师和规划师，戴对艺术和美的追求，鲜明地体现在她对麦考瑞大学校园环境的设计上。在她的精心布局下，麦考瑞大学的校园环境独具一格，布局合理，配套齐全。

麦考瑞大学坐落在悉尼莱德地区的高科技园区，占地136公顷，校园面积辽阔，交通便捷。尽管它没有动辄上百年源远流长的历史，却有着独一无二的优美自然生态环境。麦考瑞大学的创立者们，包括建筑规划者沃利阿巴拉罕博士，将麦考瑞大学发展成宽敞的、规划良好的花园式校园。学校还有水草丰美的牧场以及自然水源，几乎没有比麦考瑞更好的自然环境了。与此同时，麦考瑞毗邻悉尼市中心，可充分利用大学外在的商业环境来发展社会服务；澳大利亚最大的高科技园也与校园相邻，使麦考瑞后来建立研究发展园成为可能。

在创始校长11年的任期里，麦考瑞大学得到了极大的发展，紧接着迎来一段巩固期。自1987年戴担任校长一职以来，随着麦考瑞大学在教学上的影响力不断扩大，尤其是研究活动不断取得新突破，它在科技领域上获得了极大的成功，建立起越来越多的国家研究中心，同时也获得了越来越多的科研经费支持，重新规划校园布局成为麦考瑞大学创新性发展的必需。

校园环境是校园文化的重要承载者和传承者。如何使校园环境既彰显办学特色，又做到环境育人，是需要匠心独运的。戴说："这片土地及校园设计的基本原则是保护好它的开放性，我们要将之变成真正自然美的东西。在这个充满活力的高科技院落里，我们拥有这个自然乐园。通过形态各异的雕塑、风格多样的建筑、精心设计的景观，校园的独特魅力得到增加，它不但给我们知性的熏陶，而且也给我们美的享受。”

戴将这一原则贯彻到校园环境的重新规划中。也许她小时候的成长环境——英国德文郡的自然美和海的包容开放，让她深刻领会到环境育人的真谛。她的同事罗伯特·凯利说：“戴在创造让我们引以为傲的麦考瑞大学的环境方面，发挥了关键性的作用。”现在的麦考瑞大学，已是澳大利亚人文环境和自然环境最美的校园之一。

麦考瑞大学有自己的美术馆、博物馆和其他大学所没有的雕塑公园。成立于 1992 年的雕塑公园，是麦考瑞大学的标志性场所。广袤的草地上，一条小河逶迤穿过。草地中间，有一池喷泉，白色的水幕，映衬着茵茵草地，很是耀眼。若是阳光普照、万里无云，仰躺在草地上，一定可以欣赏到一轮瑰丽的彩虹，惬意极了。

1998 年年底，新南威尔士州政府公布的交通规划，给麦考瑞大学带来了利好消息。新南威尔士州政府决定修建连接韦斯特米德（Westmead）与查特伍德（Chatwood）的高规格铁路，途径艾平（Epping）。这条铁路，途经麦考瑞大学附近并设有麦考瑞站。麦考瑞火车站的开设，极大地改善了麦考瑞大学及附近社区的交通，方便从西部、西南部、中部海岸和蓝色山脉到达校园。

2004 年 5 月 26 日，是麦考瑞大学的校庆日，40 年前的这一天，《麦考瑞大学法案》获得联邦政府正式通过。9 月份，麦考瑞大学举行建校 40 周年庆祝活动，9 月 11 日上午 10 点到下午 4 点，麦考瑞大学别开生面地举行了 40 周年校庆公开日。这一天，麦考瑞大学所有的博物馆、艺术馆都面向公众开放，学校组织安排了一系列公开活动。这一天，戴精心打造的校园，花团锦簇、绿草茵茵、绿树成荫，向世人揭开了它美丽的面纱——拍摄的校园宣传片就叫作《美丽的麦考瑞》。

重新规划建设麦考瑞大学校园

1987 年，戴一到麦考瑞大学上任，就看准麦考瑞大学所在高新

麦考瑞大学位于莱德高科技园区，此为麦考瑞大学校园鸟瞰图（麦考瑞大学校友会供图）

麦考瑞大学美丽的校园景观——喷泉映彩虹(龙小农摄)

技术区的独特位置,准备规划建设一个研究发展园,开创麦考瑞大学以科技服务社会的另一个重要平台。不过,刚刚上任的戴,不敢把这个作为重新规划校园的第一步。毕竟,这是一个牵一发而动全身的工程,她需要寻找足够可信、数量众多的战略合作伙伴。

戴任职麦考瑞后改造校园的第一个大手笔,就是建设急需的管理学院大楼,大楼建设分两期进行,因为学习管理学专业的学生越来越多,现有教学办公设施已经显得捉襟见肘。一期工程于1988年第一学期启动,于4月份顺利完工。为建设这个超级教学设施,戴不得不向资金筹集者举债。大楼的二期工程,即宿舍楼和会议楼,于1989年动工。1987年的麦考瑞大学,财政捉襟见肘,戴不得不量入为出,先保急需要建设的设施。

至于学校的其他区域,由于资金缺乏,戴一时很难满足更多的要求——甚至是对建筑和设施的基本的养护和服务也难以实现。

据当时估计，到 1988 年年底，麦考瑞缺少的基本设施的维护费用累计约为400万澳元，这一状况让戴无法接受。面对如此大的资金压力，戴不得不向联邦政府提出更多的经费诉求。

戴一边向政府求助，一边挖掘自身潜力。她抓住各种机会，秉承学校最初的目标，继续提高公共基金份额，推进专业技术市场化以获取资金来支持教学和研究活动，发展社区关系。到 1989 年，经过两年多的摸底，戴熟悉了麦考瑞大学的家底、摸清了合作共建的路径，此时正是戴大展拳脚、再造麦考瑞大学校园环境的时候了。

随着学校合作项目和咨询业务的有效开展，戴认为推动建设研究发展园的时机已慢慢成熟。在戴的极力推动下，麦考瑞大学董事会同意在重大工程诸如科技和管理教育方面融资约1600万澳元，批准了一项大师级的建设规划，建设了一个 5.7 公顷的科研园区。1991 年研究发展园建设正式启动。与此同时，戴与相关公司、企业和科研机构关于迁入园区的协商也在有条不紊地进行。这给麦考瑞带来了以下方面的益处：设施、设备、联合活动和资金收入。

1993 年一整年，戴忙于校园发展、楼宇建设，特别是内部重建。根据1992 年年底董事会批准的主要工作计划和长期校园发展规划，校园内几座建筑已经完工，她还批准了进一步的发展计划。儿童教育研究所的资产被拍卖，新大楼的建设取得了实质性进展，这个新大楼给员工和儿童教育研究所的项目提供了校园内的工作场地，与学校其他部门一起工作。然而，新大楼后来因为合同的问题而推迟建设，将搬迁的时间推迟到了1994 年 3 月。

管理学院二期工程的资金管理得到了理事会的批准。第一个

麦考瑞大学的校长办公楼，戴曾在此办公（龙小农摄）

阶段的建设预计总共花费400万澳元，截止到1993年年末的时候建设还在进行中，最终于1994年6月完工。

除保护好麦考瑞大学的生态环境外，满足教职员工亟须是戴建设校园时一贯坚持的另一原则。应教职工的要求，1993年8月，麦考瑞大学新建的校内幼儿园班克萨小屋（Banksias Cottage）正式开放，可供60位儿童使用。后来，由麦考瑞大学教职员工和学生代表组成的子女看护工作小组一直在需求和选择方面向学校提出建议，其中有三个当务之急：为家长合作社选择新的地点和设施；为假期看管计划提供更为令人满意的居住设施；提高幼儿园的住宿条件。1996年年末，班克萨小屋扩建部分增加了可容纳30人的儿童护理设施，以容纳麦考瑞大学教职员的孩子，而更多的地方则计划用于学生的小孩。

在考虑过各种选择后，戴向董事会建议，麦考瑞大学印刷厂不应该再扩大规模，应维持原样。这一建议得到了董事会的采纳。之前被印刷厂占用的翻新的空间将供医学院使用。到 1993 年年底，室内停车场的建造基本完工，项目的第二阶段在 1994 年 3 月完成。特殊教育中心的重建也已完工。

除建设新大楼外，戴也强调麦考瑞大学校园维护和翻新的重要性。1993 年麦考瑞大学在这方面取得了进步，超过 200 万澳元已经投入到财政计划和中心工作计划中。这一年，在校监约翰·林肯博士的支持下，戴全力推进校园建设规划。林肯博士是戴的好同事，他给予戴无法估量的帮助和支持，戴在林肯博士领导的校董事会的支持下，把麦考瑞大学发展建设成为一个美丽的校园。

对戴来说，1994 年在学校校园建设方面也取得了很大成就，学校建成了几栋大楼，批准通过了未来发展规划、资金管理和景观

麦考瑞大学雕塑园所展出的各种雕塑（龙小农摄）

美化规划以及校园远期规划。一栋新建大楼的完成，使得儿童教育研究所能够重新安置在北部的莱德校园。对米切尔大楼进行了部分重新整修，在伊斯威特设立了一个新的诊所，使脊椎按摩疗法中心在校园里继续发挥作用。1994 年 10 月，学校建成了配备了最新科技教学设施的管理学院综合楼。新建设施由澳大利亚教育部部长、德高望重的西蒙·克林正式开启使用。印刷厂也于 1994 年重新落成，分层停车的二期工程也于当年完成。

到 1995 年，麦考瑞大学校园经过几年的规划建设，新的面貌开始呈现。在 1995 年下半年，戴组织展开了对 1996 年校园发展计划的研讨，同时考虑了学校近年来在教学和研究方面的情况，特别是在科学、技术和管理等领域的扩张计划。在戴的领导下，资金管理计划、住宿计划和维护计划得到有效实施，学校在规划、运用、维修和翻新内置资产方面取得了令人满意的进展。

在校园发展规划的大致框架下，为了向新近成立的国家研究中心提供更多的住宿，戴还对其长期资本管理计划（这个计划一直持续到 21 世纪）进行了微调。一幢宏伟的新建筑——格里高利·邓恩楼在 1995 年完工。

麦考瑞大学坐落在一个公园般宁静的环境当中，小湖环绕，绿树成荫（还有一个动物群避难所）。戴主政麦考瑞大学几年后，学校在科学、技术和管理方面取得了令人振奋的成绩。麦考瑞大学重新修订了十年前提出的校园发展计划的总体原则，并加以发展和完善。

在 1996 年制订的校园发展计划中，戴详细规划了几个重大建设项目：大量的新科技研究教学设施（在麦考瑞不断获得大型国家研究中心项目的情况下，这是一个不断增长的需求）；校园主要教学中心之一的 C5A 大楼的楼层增加和其他教学设施的扩展，将为麦考瑞诊所的协调发展提供便利，并为研究生提供更好的新设施；重建一座新的行政楼，将现有老旧的行政楼翻新，专门为校园中心的学生提供住宿服务。

依照校园发展计划和资金管理计划，许多主要的建造工作在 1996 年得以开展。另外，有袋类动物合作科研中心、中央动物屋舍设施的额外建筑部分也竣工了。同样，C5A 大楼的扩展部分也顺利完成。这样就将麦考瑞大学的临床卫生系统整合到一个大楼中，同时提供了全新的教学和研究生学习设施。至此，戴制订的校园建设计划进展都很顺利，大学联合会的附属楼、全新的管理学院大楼、规模小一点的供应大楼附属楼都一一竣工。1996 年 12 月戴着手进行了耗资 50 万澳元的图书馆第五阶段的项目扩建工作，从而使图书馆的服务得到了增强和拓展。

1997 年，麦考瑞大学新的行政楼竣工，在麦考瑞大学各行政职能部门调整归位后，各行政单位在 1997 年年底搬入新的行政楼。戴将之前的理事会大楼翻新成新的学生服务楼。这一调整，便于让学生们在一栋位于校园中心临近图书馆的建筑内得到方便的服务。当校园重新规划和调整时，戴时时不忘把学生的便利放在第一位。

在 1997 年同期完成的还有一幢新的艺术中心科学馆，它可以容纳麦考瑞大学澳大利亚蛋白质组的分析设备。1996 年 12 月，麦考瑞大学获得了一些重要的国际研究设备以及两个新的研究项目（一个在地质学领域，另一个在生物学领域）。艺术中心科学馆的落成，让麦考瑞大学进一步兑现了它的承诺——给有袋类哺乳动物

戴与校园建设设计者、施工者合影（麦考瑞大学校友会供图）

保护和管理研究中心提供了研究场地，并额外提供了教学场所。

为了提高学生的生活质量，保持校园活力和维护安全，戴在重新规划校园时，考虑到学生的方便，为他们提供了一些便利设施。同时，戴对校园外观进行了升级，改善了其形象、使之与周边配套设施更为协调。这主要体现在：麦考瑞大学耗资140万澳元，建成“儿童智力合作开发与假日陪护中心”；专为东校区服务的新的停车区业已完成；位于库尔洛顿（Culloden）路的大学区380幢高质量学生公寓计划也已启动，开发商为Lend Lease；有丰富体育设施的“水游城”和游泳池也已投入使用。1999年4月，学校举办了为建设水上运动中心募集资金的活动，当地的企业家、政治家及部分运动员都积极参与了活动。

环保、生态是戴改造麦考瑞大学校园一直坚守的原则。为此，戴保护和加强现存的开放景区和娱乐设施，改善校内小河的生态系统和野生动物的居住地，以促进公园的使用；促进利用和整合庭院空间，在大学区域内提供娱乐设施，为大学增添特色；在核心地区通过控制发动机的噪音干扰，最大限度地减少不必要的车辆

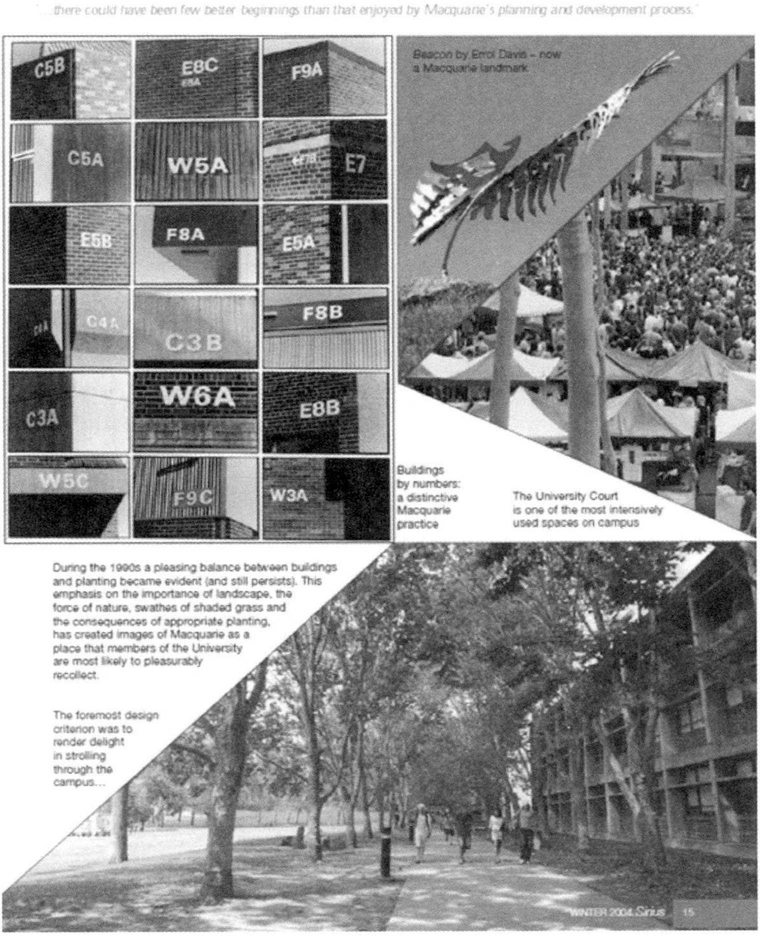

戴任职期间新建或改造过的校园建筑牌号（麦考瑞大学校友会供图）

通行，保持交通通畅。为将对环境的影响减至最小，学生活动中心附近有足够数量的自行车停车场；发展步行系统，使之成为全天候可使用的高效、安全、令人愉快的系统。为使校园资源能够充分被利用，戴鼓励教职工在校园内选择自行车这种交通方式出行，这样不会对校园的环境质量造成影响。

如今，麦考瑞大学校园里宽敞的停车区、清澈的湖水、环绕的鸟类保护区、浓密的树丛总是被无数的游客们津津乐道。这里有澳大利亚校园里最大的雕塑公园。1998 年，一些新的雕塑又加入其中，包括为行政楼增色、赢得国家雕塑比赛的 Clifford Firth's Trio。近年来，不少砖石建筑入驻校园，其中不乏一些获奖的公园建筑，如在怀德市春天建筑比赛中赢得"年度公园"之称的管理学院的庭

麦考瑞大学校园广阔的草坪（龙小农摄）

院。

耗资600万澳元的扩展计划于1998年9月启动，最后部分于暑期完成。教职工、学生和游客已经开始使用宽敞明亮的新设施。新的设施与管理学院大楼、校园居住区和旅游宾馆连在一起，使麦考瑞大学成为会议活动的中心。1998年9月，耗资1200万澳元的"旅游宾馆建筑群"项目启动。新的宾馆丰富了管理学院现有的配套设施，使之成为南太平洋宾馆集团管理下的第一个四星级宾馆。它们不仅能满足管理学院学术活动的要求，还能服务于校园及社区，而且还能照顾到周边商业和公共部门。

借势悉尼奥运会完善校园建设

2000年悉尼奥运会为戴最后完善麦考瑞大学校园提供了新的契机，因为麦考瑞大学被选定为悉尼奥运会比赛场地和接待场所之一，奥运火炬的传递也将穿过操场。可以说，悉尼奥运会是上帝赐给戴进一步完善麦考瑞大学校园的机会。

为迎接2000年悉尼奥运会，1999年，戴积极推进麦考瑞校园建设。校园里面尽管增加了不少建筑，但戴在规划调整时，依然保持了校园里较高的绿化率和充足的空间。两栋新大楼于2000年竣工，能够满足2000年悉尼奥运会期间的游客及麦考瑞大学学生的住宿要求。新建建筑之一是大家期盼已久的学生公寓，其拥有设施齐全的388间宿舍。

2000年，戴根据既定的"资金管理计划"花大手笔全面更新校园设施。由于资金及时到位，一些新的建设项目得以迅速上马并有条不紊地推进。这一年，麦考瑞大学校园内一片建设施工景象，校园建设呈现强劲的发展趋势。

配有120个床位的旅游宾馆也成功地赶在悉尼奥运会前开业迎宾。奥运会结束后，宾馆入住率也一直很高。旅游宾馆是管理学院的又一个辅助设施，该院还升级了其另一家宾馆，其会议中心和饭店也同时对旅游宾馆的顾客开放。管理学院位于悉尼商业中心地带的其他宾馆饭店也一直生意火爆。

新建的国际大楼为一些国际项目提供教室和办公场地，主要供悉尼工商技术学院以及亚太研究学院使用。麦考瑞大学学生的住宿条件在国际上都数一数二，所有学生宿舍都有自己的独立配套设施。新国际大楼于2000年6月完工，在里面办公的单位有国际办公室、麦考瑞大学合作学院、悉尼工商技术学院等。美国海外留学机构研究显示，麦考瑞大学的毕业生供不应求，用人单位反馈非常好，国际招生人数迅速增加。

原行政楼已经全面翻新，改建为林肯学生服务中心。戴把修缮后的大楼命名为林肯大楼，以纪念该校首任校监约翰·林肯博士以及他夫人琼·林肯女士为麦考瑞大学作出的杰出贡献以及对麦考瑞大学学生的资助。

供奥运会使用的位于库尔洛顿路的麦考瑞大学新校区成功地赶在奥运会前竣工并装备、绿化完毕。图书馆扩建工程第一期也已经竣工，同时新建了一个废热发电工作间和冷却水水箱。从2001年开始，这些设备可以为校内建筑提供更节能的空调系统。在戴的精心筹划下，到悉尼奥运会召开时，麦考瑞大学的校园面貌已然焕然一新。

戴在校园规划和建设中坚持的保护生态、可持续发展原则，获得业界的广泛认可。2000 年 10 月，麦考瑞大学获得了可持续能源开发署颁发的绿色智能能源全球奖，以表彰麦考瑞大学通过能源创新在减少温室气体排放方面作出的努力。麦考瑞大学还获得了托儿所中心附近的绿化奖，并因管理学院拥有精心设计的花园而获得了莱德地区公共园艺奖，这也是麦考瑞大学连续五年获得该奖。

麦考瑞大学建筑和基建部主任罗伯特·凯利被选为澳大利亚—亚洲商品促销协会的会长，高等教育设施经理们向就业、培训和青

麦考瑞大学体育与水上活动中心（龙小农摄）

年事务部的代表们作了能源管理方面的演讲，与会代表都认为麦考瑞大学的做法是最好的，并要麦考瑞大学将其做法写到就业、培训和青年事务部的宣传册里向外推广。

由建筑师德维尼、厄尔拜和马兹赖尼设计的商业楼还在规划阶段的时候就已经获得了2003 年度“绿色建筑奖”铜牌。管理学院大楼因其设施齐全、服务优良，可以容纳近 500 人，再次被选为全州最好的会议地点。

建设文化场馆收藏保护文化遗产

大学不能仅仅是大楼,正如中国人所说的“大学,非大楼之谓也”。让麦考瑞大学校园涵养人塑造人，还需要充满文化艺术气息。戴在伦敦大学念书时就已意识到，大学应该是各种物质文化和非物质文化的珍藏者和传承者，麦考瑞大学现在还缺乏这些东西。

置身麦考瑞大学花园般的校园,一股浓浓的艺术氛围扑面而来，仿佛走进一个开放式的艺术博物馆。这种艺术气息的主要缔造者，就是戴。她就像布置自己的家一样，将浓厚的艺术气息带入麦考瑞大学。漫步校园，几乎每隔数步，就有一个小景致映入你的眼帘。它们星罗棋布，散落在美丽校园的各个角落。

在任职麦考瑞大学校长近 20 年的时间里，戴以校为家。自然，麦考瑞大学也沾染了戴的艺术气息，校内建设了多个艺术馆、美术馆和画廊，原有的博物馆藏品得到了极大丰富。校园里到处点缀着形态各异的雕塑，建有澳大利亚最大的大学雕塑园。

戴认为，博物馆是公共文化服务体系的一部分，也是大学应承担的文化传承功能之一，应该对社会开放。麦考瑞大学建立了澳大利亚大学校园内最大的艺术博物馆和雕塑园，用来展出学生们的作品和社会名家捐赠的各种艺术品，其中当然也包括戴自己捐赠的作品。这些作品不仅美化了校园，还为学生提供了学习观摩的机会，更增加了学生与学校之间的感情。戴的匠心就体现在这里。在麦考瑞大学美丽的校园湖畔、白桦林边，有着迷人的雕塑。徜徉在麦考瑞大学校园，可以深深地感受到浓郁的艺术氛围。

校园文艺活动是校园文化的最外在表现，并且是高校对社会服务的一个重要方面。戴十分注重校园文化艺术互动，她不仅是坚定的支持者而且是一个活跃的参加者。在视觉艺术、音乐和戏剧、文学及电影方面，麦考瑞大学举办了非常多的专业活动。而建成的展览馆，经常展出来自澳大利亚艺术家的作品，其展品还包括来自

麦考瑞大学浓浓的艺术氛围（麦考瑞大学校友会供图）

一名慷慨的、长期捐赠者捐赠的艺术品以及澳大利亚女艺术家捐赠的雕刻及绘画。

说到雕塑，雕塑家艾洛尔·戴维斯帮助戴实施了一项宏大的工程，将麦考瑞大学校园变成澳大利亚最大的雕塑公园。1992 年 9 月底，由澳大利亚当代艺术博物馆主席杰奥弗里·卡金斯剪彩，麦考瑞大学雕塑公园正式开放。公园第一批展品的 25 座雕塑均来自于当代澳大利亚杰出雕塑家，并且是目前澳大利亚最大的非营业性雕塑公园。戴在担任澳大利亚艺术委员会总裁时，广泛与艺术家交好。雕塑公园的建成，离不开澳大利亚雕塑家的大力援助，他们出钱出力，或者将自己的作品长期出借，或者干脆捐赠给麦考瑞大学。

在戴的积极推广下，雕塑公园于 1996 年添加了四件新作品，简·肖的三件沙石雕和约翰·罗宾逊的一件重要的名为“旅程”的不锈钢雕塑。这四件作品由罗伯特·A·赫弗纳三世和达门·德·拉兹洛两位先生慷慨捐赠。雕塑园新增添的优秀作品引起了社会和媒体的广泛关注。澳大利亚一家电视台报道了雕塑公园的沙石作品——《圣人的道路》，这是由安东尼·布鲁因斯在靠近管理学院大楼的地方完成的。

戴在担任麦考瑞大学校长期间，一直通过各种方式，对艺术创作予以支持和鼓励，以丰富校园文化生活和社区生活。麦考瑞大学“三重奏”组合在社区表现卓越。除了这些亮点，表演艺术、电影、摄影和写作方面的创作都标志着麦考瑞大学师生员工和住校艺术家们在这所创新性大学所取得的重大成就。

麦考瑞大学校园举办了许多场音乐会，著名的钢琴家卡斯琳·瑟尔拜、音乐家马克里、著名歌唱家劳瑞斯·埃尔姆斯都曾到麦考瑞大学演出；其中音乐家马克里曾多次在校内外参与演出。演员、剧作家约翰·邦尼在灯塔剧院首演了他的单人剧《意图》，讲述了莎士比亚时代的戏剧人生。麦考瑞大学的教师也多次在摄影、戏剧和创造性写作方面有过上佳表现。

生物科学博物馆复原了一个来自俄罗斯的勇士暴龙的龙骨，并在图书馆前厅做了展示。至此，一个重要的生物科学项目拉开了序幕，有另外七个来自俄罗斯的生物标本也在此陈列。1996 年 4 月，数以百计的人以家庭形式参加了麦考瑞大学的博物馆开放日的活动。这一年来，数以千计的学生及社区居民参观了古代文化博物馆并参与了馆内举办的教育宣传课程。

1996 年，戴带领麦考瑞大学为大学博物馆和收藏审核委员会作出了很大贡献。由戴负责的名为《灰姑娘的收藏：澳大利亚大学博物馆和收藏的审核报告》在 1996 年 2 月发行。

令戴感到惊喜的是，新南威尔士州大学校长会议通过了她的

麦考瑞大学雕塑园内的雕塑（龙小农摄）

提议，建立了新的由戴担任主席的大学博物馆和收藏常务委员会。该委员会采用了审核报告中的建议，计划举办一些巡回展览和开展一些合作项目，包括麦考瑞大学在内的四所大学获得了澳大利亚研究委员会的研究设备津贴。1996 年 12 月，新南威尔士州地方议会根据《灰姑娘的收藏：澳大利亚大学博物馆和收藏的审核报告》中的推荐，正式采用了麦考瑞大学所使用的有关博物馆的收藏政策，用来识别、保存文物并促进文物管理。按照《遗产法》中对国家政府机构进行遗产保护注册时的要求，麦考瑞大学也列出一份有关学校校园内和其他地区的遗产表格，并采取了合适的保护政策。

2003 年，澳大利亚大学质量评估署对麦考瑞大学宽广的绿色生态校园赞赏有加，称赞说："麦考瑞大学已经把它的校园变成了一座宽广美丽的雕塑公园。这种环境有助于营造一种奋发向上的氛围。" 2003 年，麦考瑞又在小溪和湖边增加了一批雕塑作品，这里优美的环境还吸引了大批的鸟类在此栖息。澳大利亚大学质量评估署还注意到建筑与场地管理办公室的"以顾客为主"的工作方法，称赞建筑与场地管理办公室的工作人员工作积极主动。

戴在担任麦考瑞大学校长期间，广泛收集各种艺术作品，并在校园内建立艺术展览馆和雕塑公园。戴在绘画、写作和音乐方面都有独到的天赋，这些都成为了她生活中不可分割的一部分。她曾经设想退休后到新西兰的莫图依卡[①] 生活一段时间，继续她的绘画、写作和音乐生涯。只是这个愿望她至今没能实现，她还在为自己挚爱一生的教育事业奔忙着。

① 莫图依卡，新西兰著名滨海旅游城市，有独特的自然景观，有一群非常可爱的艺术家，因此那里的手工艺展和艺术展都非常值得一看。

领先建设数字化校园

自从电脑及网络技术出现后，现代信息技术发展一日千里，迅速改变着人们的生活方式和学习方式。具体到校园，就是要尽快建设数字化校园。戴凭借其独有的前瞻性和敏感性，率先在澳大利亚的大学推进数字化校园建设，抢占数字化校园的先机。

数字化校园建设，基础建设是关键。在校园规划和建设过程

麦考瑞大学校园内的毕业生雕塑（龙小农摄）

中，戴规划建设有新科技大楼，为数字化校园建设提供了基础。随后不久，澳大利亚联邦科学与工业研究组织和麦考瑞大学的联合先进工程系统中心搬进了科技大楼的侧楼，并举办招待会欢迎澳大利亚联邦科学与工业研究组织的员工来到校园。

着眼未来，戴要求麦考瑞大学信息服务部从 1997 年起制订麦考瑞大学信息技术战略发展规划。该规划在取得重大进展后，又根据最新技术发展情况予以修订，作为 1999 年—2000 年数字校园建设的规划。与此同时，作为数字化校园建设的两个重要窗口，麦考瑞大学的图书馆和计算机服务部的发展规划也作出相应调整。

已经被评为“全国最佳图书馆”的麦考瑞大学图书馆在信息获取方式电子化方面始终处于领先地位，并且是 PRIDE① 在澳大利亚的合作伙伴。图书馆深化了其与伦敦政治经济学院的开创性合作，创建了一个 7 天 24 小时不间断的信息技术咨询平台。新网站可以让用户以虚拟方式游览图书馆，用户也可访问规模在世界上数一数二的网络数据库、电子杂志库以及网站目录。图书馆还成功引进了电子参考书服务，并开发了FAQ（常见问题解答）数据库。

经过为期三年的建设，到 1999 年，麦考瑞大学在澳大利亚大学中率先建成了一个庞大的、可靠的校园光纤数据网，它有先进的集成管理信息系统，并可以接入超过 4000 台的个人电脑和其他设备，这种系统可堪称世界级的数字化环境。学生使用的计算机设备可使用这个系统，校园里有超过 1330 台的计算机，可以免费接入，学校负责免费培训且使用者随时都可以寻求帮助。

---

① PRIDE 是一个由欧盟出资成立，致力于连接网络信息和资源的国际组织。

在各项技术设施到位后，麦考瑞大学信息服务部门建立了一个新的学校主页：Student@macquarie、一个新的学生网页，除了以前展望未来和介绍国际学生的页面外，还新增了当前所有供学生使用的链接，包括教学资源、学生服务、图书馆资源、网络 / 计算服务以及一个新闻网页。研究生事务办公室让通信专业的学生利用网络手段完成毕业手续。建立校园一卡通服务系统，为教师、学生和图书馆人员发放新的校园卡，该卡融合身份证、图书证和复印卡的功能于一身。

但是在某些方面，网络校园建设的进步并没有戴预期得那么快。许多年前，麦考瑞大学在全澳大利亚率先实现了学生信息系统的数字化；30 年后，需要建立一个新的学业信息系统以适应麦考瑞大学信息系统变革的要求。1998 年，这项变革面临着交织出现的三种情况：旧系统可以用到 2000 年；正在开发的美国软件 BANNER 用于学业管理信息系统可能会带来费用增加和相关进程的延迟等问题；澳大利亚新开发的软件很可能将比 BANNER 软件更适合学业管理信息系统。因为不了解在多所大学使用的 BANNER 软件的系统运行情况，戴决定暂时停用 BANNER 软件。

随着网络技术的发展，戴已经认识到系统内可操作性的重要性，以及图书馆、信息科技服务与灵活的学习方式之间紧密联系的必要性。2002 年 2 月，她把学校与网络相关的单位都重新整合到新型的在线学习和信息服务部，聘任尼尔·麦克林教授担任副校长助理来领导这个部门。尼尔·麦克林教授接任该职务之前曾担任麦考瑞大学的图书馆馆长，此后又担任教育管理体系澳大利亚中心的主任，该中心是由澳大利亚教育科学与培训部提供赞助资金，由麦考瑞大学主管。

2002 年，麦考瑞大学开创性地引入了一种新型服务项目——咨询图书馆（Just-Ask-@-Library），意在促进图书馆和学生的第一次亲密接触,在新生初来乍到的时候为他们提供精神养料和支持。然后，图书馆会按照实际需要，进一步提供多层次的服务体系，最终让学生能在掌握信息技术和信息查询技巧方面游刃有余。

在戴的大力推进下，现在的麦考瑞大学已在数字化学习、数字化科研、数字化管理、数字化生活和数字化环境等方面居于澳大利亚各大学前列。麦考瑞大学拥有首屈一指的远程教学网络，学校接收相当数量的校外学生，他们分布在世界各地，因此几乎所有的科目都有远程的配套系统。学生可以同步收听讲课、参与课堂讨论、

戴在图书馆与正在安装雕塑的艺术家易曼思合影（麦考瑞大学校友会供图）

交作业甚至参加考试。远程科技不仅针对校外学生，在校学生凭借学生证号和密码，同样可以通过终端在家里下载各种资料，以便随时复习上课的内容。

现在的麦考瑞大学拥有全球一流的数字化图书馆，连每个科目怎么找书都分别有说明手册；自习室里，书籍、报纸、杂志、影像资料一应俱全；图书馆有两个光驱网络系统，网上目录可在馆内 40 个终端上读取；学校设有若干计算机开放实验室供学生使用，并有一些专门设备供学生模拟学术报告等场景；所有计算机都与大学主网连接，主网又和澳大利亚学术研究网连接。

第四章 澳大利亚大学国际化办学的践行者

当我 11 岁离开文化单一的德文郡小村庄，站在伦敦维多利亚火车站，看到非洲人和中国人穿着异域风情的衣服，说着不同的语言，我感到一种油然而生的兴奋，从那以后，我就是一个坚定的国际主义者。我站在那里出神地思考，这就是我长大后应奋斗的方向。

——戴·叶布瑞

伦敦作为国际性大都市，具有文化多元、兼容并包的特点，这样的氛围让戴从 11 岁起就立志成为一个致力于推动多元文化和谐并存的坚定的国际主义者。作为这种理念的践行者，戴在任职麦考瑞大学期间，力推办学国际化，广泛招揽亚太地区的生源，倡导设立“多元文化庆祝周”，并积极指导学生组织庆祝活动。

作为澳大利亚最国际化的大学之一，麦考瑞大学的留学生来自世界各地，90 多个民族的学生在麦考瑞大学校园里一起和谐地生活、学习、享受人生。徜徉在美丽的麦考瑞校园，你就置身在一个多元文化跨民族、跨国家交流融合的殿堂。

海纳百川，实现麦考瑞大学国际化

澳大利亚地广人稀，作为英国的殖民地，它的高等教育传统源自英国，是南半球教育最发达的国家。当戴任麦考瑞大学校长时，澳大利亚高等教育正经历着前所未有的变革，其中最大的挑战就是政府资助经费不断减少、国内生源同步减少。面对日益减少的国内生源，澳大利亚优质的高教资源必然严重浪费；澳大利亚的大学若不拓展国际化办学空间，发展自然会受到限制。戴任职麦考瑞大学的第一天起，就认识到了这一严峻的发展形势。

与此同时，基于自己的生活阅历和工作经验，戴认为，在当今全球一体化的背景下，学生需要在学习技能和知识的同时，也应获得更多国际和多元文化知识，培养国际视野和全球意识，以适应未

麦考瑞大学来自世界各地的学生（麦考瑞大学校友会供图）

来全球化的竞争。国际化办学一直是戴追求的方向和目标。

戴说："麦考瑞追求大学的国际化，学校30%的学生来自其他国家，许多教师也不是澳大利亚人，我积极主张推广国际化的教学模式。"麦考瑞大学制定了国际化方面的30项内容，其中有研究的合作伙伴、学科建设等。如，历史学科有罗马史、埃及史等，管理学科要讲授国际著名公司的管理经验，几乎每个学科都有国际化的内容。

戴积极推动麦考瑞大学国际化发展，确保学生具有国际眼光和世界阅历。她一方面鼓励麦考瑞大学招收国际学生，使麦考瑞大学成为澳大利亚最国际化的大学，学校中有近四分之一的学生来自国外；另一方面，戴制定政策，要求麦考瑞大学每年选派五分之一的本土学生到海外学习。她坚信，这是诸如麦考瑞大学等大学对世界和谐与文化多元作出的最主要贡献之一，使人们期望和平、高效、安全的全球和谐共存。

在戴的奔走努力下，20世纪90年代初，麦考瑞大学与海外高校合作方面取得了明显进展。麦考瑞大学于1992年签署和获得批准了许多学术交流协议，合作协议伙伴包括亚洲的"台湾大学"（中国台湾地区）、清迈大学（泰国）和首都大学（日本）。在欧洲，麦考瑞大学和格拉茨大学（奥地利）签署了最终协议，与乌普萨拉大学（瑞典）的新合作方案得到了有关部门的批准。

当东欧剧变、苏联解体后，戴抓住时机，及时寻求与独联体国家和东欧国家的交流合作。1990年，她与麦考瑞大学现代语言学院的学术专家一道访问东欧的一些大学，并就交换协议进行了谈判。随后，麦考瑞大学与基辅州立大学、列宁格勒大学、华沙大学签署双边协议，与萨格勒布大学和巴黎索邦大学签署三方协议。这些协议不仅有助于加强双方或三方的教师与研究生在多学科的科研、学习以及出版等方面的联系，同时也推动了与南斯拉夫其他一些顶尖大学的合作关系的确立。

戴推动麦考瑞大学与东中欧大学合作，开创了澳大利亚大学与东、中欧大学合作的新局面。在这之前，由于美苏冷战，澳大利亚的大学几乎与东、中欧大学没有任何接触。澳大利亚媒体《金融评论》评价道："麦考瑞是与欧洲，尤其是东欧、中欧联系的领头羊。"当然，这也反映了麦考瑞在斯洛文尼亚研究和其他欧洲研究的"独特、广泛"的水准。

1991 年，随着与斯洛文尼亚卢布尔雅那大学和奥地利卡尔·弗朗岑斯大学合作的开展，麦考瑞大学与欧洲的联系得以进一步加强。这一年，戴在同事的支持下，率先接待了九名来访的俄罗斯科学家。这次来访是一个非常成功的古生物学交换项目的一部分，其他还包括参观澳大利亚重要的地理研究地点和其周围水域。

1991 年年初，戴提议和泰国清迈大学及法政大学合作，协议于 1992 年正式生效。1991 年 9 月，台湾地区台湾大学校长对麦考瑞大学的回访为双方进一步合作奠定了基础，合作协议于 1992 年签订。同年，戴赴日本、新加坡两国大学进行访问交流，促进了与其 MBA 和 MAF 的项目合作，也促成了首家日语语言培训机构的建立，这是麦考瑞大学与日本机构谈判的结果。随着与东京都立大学、立命馆大学达成合作协议，麦考瑞大学和日本的交换协议进一步得到拓展。

作为海外学生项目战略性评估的一部分，1993 年戴提出需要重新考虑麦考瑞大学学术委员会关于国际学生录取的方案。戴认为，入学标准应更加看重学术水平，而不仅仅是由于本国需求的压力而被迫人为地设定录取标准。调整后的方案对海外学生的高水平的资助服务进一步提高，尤其是在英语语言学习方面提供了额外的资助。在行政管理评估方面，海外学生办公室精简了申请程序，大大提高了效率。

戴致力于进一步引进海外项目，尤其是在研究生培养领域。随着麦考瑞在新加坡的 MBA 项目和应用金融硕士项目在香港和新加坡的成功运行，这个模式也于 1993 年起步，并被扩展到管理学院的人力资源管理和香港的市场营销管理文学硕士学位。戴的这些努力，效果相当明显，到 1993 年 3 月末，麦考瑞海外学生注册人数占总人数的 6%，下半年学生数量还在增长。来自海外学生的学费收入超过 600 万澳元。

为增加对海外学生的吸引力，对于预计在 1993 年完成学业即将归国的海外学生，麦考瑞大学分别于 7 月和 12 月召开了欢送会。麦考瑞大学还参加了在八个亚洲国家举办的教育展览会，在这几个国家澳大利亚教育中心设有办事处。

到 1993 年，麦考瑞与国外大学达成的学生国际交流协议越来越多。已经签订的学生交流协议正在积极执行中，随后与英国的曼彻斯特主教大学、斯洛文尼亚的马里博尔大学、日本的立命馆大学、中国的几所大学签订了交流协议。麦考瑞大学和名古屋大学、日本的首都大学和立命馆大学、瑞典的乌普萨拉大学、奥地利的卡尔弗朗岑斯大学都有学生交流项目。

1993 年，麦考瑞与日本的大学和教育部门有了进一步的探讨

戴与毕业留学生合影（麦考瑞大学校友会供图）

与交流。麦考瑞大学的学生在日本学习，得到了亚太机动大学基金项目（UMAP）、澳洲日本基金奖学金项目、亚洲国家语言奖学金以及平和中岛财团奖学金的资助。丹尼尔勒·凯利赢得了1993年的旅游研究基金奖，另一名麦考瑞大学学生蒂姆·皮森，在1993年被选为在名古屋举行的国际学生会议的澳大利亚代表。在日本学习的学生的生活及津贴由麦考瑞培训项目公司、日本安田海上火灾保险、日本航空公司以及古殿马基市政局等资助。

麦考瑞大学与新英格兰大学共同创办了商业合资项目，管理学院在 1993 年 5 月启动了新的澳欧管理中心。中心目标是吸引中、东欧及前苏联国家的学生，选派澳洲的专家讲学，提供奖学金和非奖学金层次的高质量的管理教育。这一年，麦考瑞大学副校长布里安和教务主任，以校长代表的身份，对美国金钥匙荣誉协会进行短暂的访问，在会上就澳洲高等教育作了重要的演讲。

在 1993 年 5 月的海外考察中，戴与国外大学达成或签订了交换生协议，推进了一系列的国际合作。戴考察了乌克兰、斯洛文尼亚和奥地利。麦考瑞大学是国际学者协会中非常积极的一分子，研究人员、老师和学生持续参与了澳大利亚与其他国家之间的“双向智力交流”。

1994 年,麦考瑞大学留学生数量占总注册学生人数的大约 8%，其中越来越多的学生注册的是海外课程计划。该课程涵盖的内容范围不仅包括澳大利亚而且还包括整个亚太地区，同时它还承认金融行业高度的灵活性和首都之间的密切联系。该中心继续开设在新加坡（与银行和金融机构合作）和香港（与特许银行家学院）需求量很高的金融学硕士学位课程。也正是在这一年，麦考瑞大学分别于 6 月在新加坡，9 月在香港开始实施了它的第一个海外毕业典礼。该课程在 1994 年被亚洲开发银行的澳大利亚籍执行总监评价为“模范”，“对当地非常重要”。

1994 年麦考瑞的其他海外合作涉及管理学院、新加坡国家雇主协会、香港经理人协会与 ABRS（澳大利亚生物资源研究）国际信息和咨询中心在香港的计算机学科方面的课程合作。与麦考瑞大学增强远程教育与海外教育的战略目标保持一致，英语、语言学和媒体学院在 1994 年拓展了它在这些模式方面的课程项目，建立了三个海外研究生的课程合作项目，包括与新加坡国家生产力协会在大众传媒方面的合作。幼儿教育机构在新加坡开启了与地方培训和资源中心的联系，而且还与后者开始了在该地区联合教学培养的计划。

与此同时，在麦考瑞大学校园，戴注重对非英语国家背景的学生强化英语学习。麦考瑞大学设有非常成功的全国英语语言教学和研究（NCELTR），负责具有创新意义的独立学习中心（ILC）。这让非英语国家背景的学生学习语言受益匪浅。该独立学习中心被充分利用，帮助这些学生提高他们的口语表达能力和写作技能，包括英文学术论文写作。

1994 年 1 月，戴参加了在曼谷召开的由政府组织的关于泰国—澳大利亚大学伙伴关系的研讨会。在主旨发言中，她提出了由澳大利亚帮助泰国大学员工发展的计划。后来，应澳大利亚大学校长委员会的邀请，戴率领代表团去泰国商讨这一项目。麦考瑞大学也与宋卡王子大学签订了一份合作协议，这也促成了后来麦考瑞大学员工被邀请去泰国开研讨会和泰国员工到麦考瑞大学参加培训课程项目。

麦考瑞大学也与位于印尼雅加达的希望之光大学谈成了一个同样的合作协议。在该学校的国际咨询委员会中，作为澳方成员，戴被聘任为咨询委员。在众多特定的倡议中，早期儿童协会和马来西亚大学正式成为重要的合作伙伴关系，给大学生提供课程。

在戴的拓展下，麦考瑞大学的经济金融研究扩展到海外，在印度和新加坡开展精算合作项目，在中国南京师范大学设有经济学硕士学位。听力学组织的成员经常来中国授课，启动了一个中澳联合合作的听力学训练项目，并获得了澳大利亚教育补助。重要的课程已经在马来西亚大学以及菲律宾的圣托马斯大学开课了。麦考瑞大学管理学院和新加坡时代出版集团签署了一个新的至关重要的联盟，极大地促进了麦考瑞大学在亚太地区的发展。

正如戴在关于学术战略规划中强调的一样：麦考瑞大学的国际化进程不仅仅只是招收更多的海外学生——尽管这个想法很重要，而且包括来自教师队伍和学生两方面的国际化。实现国际化是麦考瑞大学学术规划所要考虑的首要内容，也是1998年由新国际办公室负责的预算战略计划的重要组成部分。

1998年，戴推荐副校长负责的国际办公室成立，极大地推动了麦考瑞大学国际化进程。国际项目主任由荣获澳大利亚教育国际开发署“国际化杰出创始奖”的托尼·亚当斯教授于4月份正式担任。他的团队朝气蓬勃，经验丰富，巩固了麦考瑞大学在海外学生市场中的地位。

在戴的努力下，麦考瑞创造了一个多元文化和谐共存的学生共同体，倡导优秀学术氛围与自然环境有机融合，使麦考瑞大学成为学生心驰神往的殿堂。为了倡导多元文化的和谐共存，戴曾对一位教授带有种族歧视的言论予以限制，招致媒体限制言论自由的批评，但她丝毫不为之动摇。

2005年，麦考瑞大学一位名叫法拉瑟的教授评论了移民到澳大利亚的非洲人和亚洲人，引发媒体关注。当时戴正因公在国外出差，返校得知此事后，迅即约见法拉瑟教授，并就法拉瑟教授错误的言论向社会和媒体致歉。戴对这件事情的处理招来媒体的评判和误解，部分评论人士从学术自由、言论自由的角度，批评麦考瑞大学的做法。

结缘中国，开发中国高等教育市场

中国历来有注重教育的文化传统，“再穷不能穷教育，再苦不能苦孩子”几乎是每位中国家长的共同心声。与此同时，中国教育质量整体有待提升、教育资源分配不均，由此出现“千军万马过独木桥”的激烈竞争，这迫使中国不少家长选择让孩子海外留学。澳大利亚各大学积极开发的国际生源市场，首先瞄准的就是中国。

麦考瑞大学作为澳大利亚高等教育国际化的领先者，充分意识到这一点并捷足先登。戴将中国作为麦考瑞大学的国际生源地，充分体现出她前瞻性的眼光。现在，中国生源是麦考瑞大学最主要的国际生源之一。

麦考瑞大学吸收中国留学生，首开先河的人就是戴。戴对中国

戴（右一）到访南京师范大学，与该校领导交流（图片来自网络）

有着特殊的感情,她在伦敦念书时就对中国文化产生了强烈的兴趣。1987 年 1 月, 戴担任麦考瑞大学校长三个月后, 她第一次出访就选择了中国, 与北京师范大学建立了合作关系, 迈出了开拓中国教育市场的第一步。1989 年, 当戴再次访问北京师范大学时, 她被北京师范大学聘为荣誉教授。此后, 她每年都要访问中国一次以上。迄今为止, 她曾先后 27 次出访中国, 与中国众多高校建立起密切的合作关系, 并访问过中国主要省份和城市。

1993 年 1 月, 作为七个澳大利亚校长团队中的一员, 应中国教育部邀请, 戴代表麦考瑞大学对中国进行了一次具有历史意义的、成功的访问。这次访问集中讨论了在科研和研究生项目的合作发展, 与 15 所中国著名的大学达成了交换生协议。随后, 中国大学校长代表团也对澳大利亚做了一次回访。中国访问团邀请麦考瑞大学派一个代表团访问中国的大学, 以制订详尽的方案落实一系列合作和交换生协议, 尤其是在科学、技术和教育管理方面。麦考瑞大学是唯一一所在这个时期被邀请访问中国的大学。

在戴的热心推动、积极奔走下, 麦考瑞大学与清华大学、复旦大学、山东大学、中国传媒大学、南京师范大学等高校建立了密切联系。1998 年, 麦考瑞大学与南京师范大学开展了各种形式的合作办学。2003 年 10 月 31 日, 麦考瑞大学与南京师范大学联合培养的经济学硕士研究生毕业典礼在南京师范大学举行,45 名学员毕业。戴率校监莫里斯·纽曼、副校长布里安·斯宾塞等一行 11 人专程到南京出席了毕业典礼。

为推动中澳高等教育的交流合作, 戴积极回应了中国教育部的倡议, 倡导设立中澳大学校长论坛。2004 年 7 月 19 日, 时任澳大利亚大学校长委员会主席的戴，率团出席了在山东大学威海分校举行的“2004 年中澳高等教育论坛”，就中澳两国高等教育的改革与发展趋势、中外合作办学实践及科研合作等问题进行了探讨。时任教育部副部长吴启迪，全国人大常委、中国教育国际交流协会会长柳斌，山东省教育厅副厅长黄琦，山东大学校长展涛，澳大利亚驻华使馆参赞韩柏灵等出席论坛并在开幕式上讲话。威海市委副书记、市长宋远方出席论坛并致辞。

为推进中澳文化交流，麦考瑞大学设有中文系。戴在任期间，她曾接受中国教育部赠送的中文图书。2004 年 11 月 8 日，澳大利亚大学校长委员会在悉尼洲际饭店举办晚宴，推动中澳两国在教育领域的交流与合作进一步发展。中国当时驻澳大利亚大使傅莹、教育参赞张双鼓等应邀出席，傅莹大使向出席宴会的 30 多所大学校

戴与中国驻澳大使傅莹（右一）交谈（图片来自网络）

长发表了演讲。担任澳大利亚大学校长委员会主席的戴在致欢迎词中说，这是澳大利亚大学校长委员会第一次邀请中国驻澳大利亚大使发表演讲。

2005年1月26日，麦考瑞大学与清华大学就合作培养金融学硕士项目达成协议并召开新闻发布会，戴·叶布瑞、清华大学副校长谢维和教授出席， 中国中央电视台、新华社、《中国日报》、《金融时报》、《财经时报》、《东方早报》及和讯网等十多家媒体进行了报道。戴接受中国媒体的采访，畅谈她的治校理念和国际化办学思路。期间，中国教育部副部长章新胜曾接见过她，对她促进中澳高等教育交流合作表示肯定。

戴对中国的大学有着特殊的感情。戴说：在与清华大学合作之前，我们曾与中国香港的香港大学、香港城市大学、岭南大学等进行过很好的合作。中国是世界上最有活力、发展最快的国家，而且保持了自己的传统文化特色。在麦考瑞大学的中国学生非常努力，成绩也很好。在这次与清华大学的合作中，清华大学负责学员管理、提供教学设施和中国金融专题讲座与研讨；麦考瑞大学负责授课教师安排、学员成绩考核和学位授予。学员采取不脱产的学习方式，在两年内利用业余时间学完五门核心课程和六门选修课程，经考核合格即可被授予应用金融硕士学位。

在与中国的多次往来中，戴耳濡目染中国文化，并喜欢上了中国文化，中国人待人接物的方式深深地影响了戴。在与中国朋友交往时，她总是入乡随俗，采用中国的礼仪方式与他们交往。2011年1月25日晚，戴在接受完笔者的采访后，亲自帮我们开电梯，并送我们到门口，一一拥抱告别，并目送我们上车离去。戴说，这是她访问中国时学习到的送客礼仪。

戴开拓中国教育市场的努力很见成效。麦考瑞与中国多所高校达成互相交流学生的协议，与清华大学、南京师范大学、中国传媒大学等中国高校达成联合培养硕士或博士的协议。而麦考瑞大学也成为中国学生留学澳大利亚的首选，现在在麦考瑞大学海外留学生中，中国留学生的比例最大。

戴最近一次来中国是 2011 年 10 月 31 日，逗留一周，参加由中国传媒大学和厦门大学联合承办的第五届“世界大学女校长论坛”，

戴于 2011 年 11 月参观永定土楼（龙小农摄）

并在论坛上作主题演讲，阐述她所理解的大学精神、大学企业化运作等理念。她是“世界大学女校长论坛”的老朋友。尤为值得一提的是，戴在任澳大利亚大学校长委员会主席期间（2004—2006年），发起组织中澳大学校长论坛，与中国教育国际交流协会深化了合作关系；并参加了由中国传媒大学发起举办的“世界大学女校长论坛”，加强了中澳高校间校际的联系和交流与合作，也为澳大利亚高等教育打开中国市场奠定了基础。

兼职澳大利亚教育国际开发署总裁

澳大利亚教育国际开发署（IDP）并非是政府机构，而是澳大利亚39所大学联合成立的行业性公共服务机构，专门负责澳大利亚大学高等教育的国际化推广，帮助澳大利亚大学教育迅速向海外传播，全球业务涉及留学服务、发展调研及国际考试三大领域。1995年，戴被推选兼任澳大利亚教育国际开发署总裁，积极推动了澳大利亚大学拓展国际化办学空间，依然把中国作为主要国际留学生生源地。

IDP在全球约30个国家开设75个办公室，其强大的全球网络一方面协助澳大利亚教育机构进行海外拓展，另一方面为世界各地希望赴澳留学的学生提供全面而真实的信息、完善赴澳留学服务。每年有超过2.5万名新生选择通过IDP实现他们澳洲留学的梦想。目前，澳大利亚高等教育国际化位居世界前列，每年海外留学生所交学费成为澳大利亚的重要外汇收入来源之一。

在积极推动澳大利亚高等教育国际化时，戴时刻把麦考瑞大学的国际化放在心头。她积极促成麦考瑞大学与多个国家达成协议，同时努力保持麦考瑞自身独特的学术特色。交换协议和与其他海外高校的联系是学校的一项重要能力，为麦考瑞大学师生打开海外高校多个领域的奖学金提供了全方位的方便之门。

到 1998 年度下半年，尽管经历了亚洲金融危机，但是戴的学生国际化目标取得了显著成就，仍然维持了强势发展，尤其是经济与金融学院。麦考瑞大学完成了与东南亚合作伙伴和时代教育的谈判，获得了在新加坡授予的商业行政学士学位的权利。麦考瑞大学留学生增加了21%，包括国际交流计划学生。国外学生人数也相应增加。这一增长百分比完胜于新南威尔士州增长的 10.8% 和全国的 13.7%。

1998 年，麦考瑞大学在中国的两个项目——经济学硕士和中澳听觉学培训计划也有了他们的第一批毕业生。戴在麦考瑞大学为本国学生设立的旅游助学金（travel grant scheme）一方面巩固了跨文化交流，另一方面使学生能够有国际化思维视角。在这一助学金的帮助下，1998 年，36 名学生被送作国际交换生。1999 年，这一数字翻了一番。

在戴的倡议下，麦考瑞研究委员会于 1996 年成立研究生基金，资助学生参加国际学术活动。这一基金在 1998 年发挥了极大的作用，许多才华横溢的博士生在国际性学术会议上充分展现了他们的研究成果。这不仅让学生接触到了更多的海外学者，而且麦考瑞大学本身也得到了更多的认可和学术关系。

随着位于麦考瑞大学校园内的悉尼商科学院第一批毕业生在各种获奖项目中崭露头角，麦考瑞大学的高等教育也取得了累累硕

戴与西悉尼大学校长简妮思合影(麦考瑞大学校友会)

果。麦考瑞大学亚太研究中心代表着澳大利亚校长委员会,用来管理这一地区的亚太高等教育电子研究网络。1998 年 12 月,戴主持了在曼谷举行的未来战略方向的区域性会议。

涉及教育专业的麦考瑞研究有限公司的扩展教育项目在萨摩亚、巴布亚新几内亚和马尔代夫得到继续发展。短期咨询项目包括到如下国家的参观:老挝、泰国、蒙古、巴布亚新几内亚、基里巴斯和汤加。AMP—麦考瑞中国合作团体将与其工业合作伙伴在悉尼培训中文精算师学员。地质学与地球物理学的资深教师因其获得了国际合作"出色表现奖",而获得了中国南京大学的认可。

1998 年,作为公务员委员会、新南威尔士国际项目理事会主席和澳大利亚大学校长国际委员会的一员，戴继续担任澳大利亚教育国际开发署的总裁，致力于高等教育的国际化发展。1998 年至 1999 年，麦考瑞大学的国际留学生入学率显著增长。新的国际留学生中大多数是在悉尼高等商业科技学院（SIBT）完成课程后继续在麦考瑞大学攻读学位。自从面向香港、新加坡和日本招生后，留学生数量增长了46.6%。

随着留学生的增加，为了更好地为留学生服务，1999 年 10 月，麦考瑞大学留学生服务中心落成，开始尝试提供更加节约成本的留学生服务。麦考瑞大学与其他学校合作，比如，莫纳什大学和卧龙岗大学、昆士兰科技大学。该留学生服务中心建在墨尔本，能够为咨询的学生提供免费电话、传真、邮件咨询等服务，其成本大幅度降低。

戴十分重视传授学生的基本技能，以帮助学生为将来在全球化背景下工作和生活作充分准备，当然也包括鼓励学生海外留学。为进一步鼓励学生积累海外留学经验，麦考瑞大学设立了游学奖学金，并与国外许多大学签订了交换生培养协议。

在亚太地区，麦考瑞大学在时代管理学院（TMI）拥有国际合作伙伴。TMI 于 1999 年获得新加坡政府批准与麦考瑞大学联合培养商业管理学学士（BBA），并招收了首批学生。同时，应用金融学中心依靠其与银行业的战略联盟关系不仅在澳大利亚，而且在新加坡、香港、东京都取得很大成功。1999 年，该中心成为全球规模最大的应用金融学硕士培养点。

进入 21 世纪后，麦考瑞大学合作办学的巨大网络继续在澳大利亚及全球拓展，国际学生的招生人数增长率超过了学校的预期。国际学生的增长率从 2000 年度第二学期至 2001 年度第二学期增长了39%；这个数字在新南威尔士州排名第三，在全国排名第九。麦考瑞大学的规模一直不大，直到 20 世纪 90 年代中后期才有一些扩大，这样的增长率已经很高了。研究生的课程数在 2001 年度增加了43%。参加麦考瑞大学国家英语语言教学与研究中心（NCELTR）英语培训课程的学生数翻了一番以上，因为国际学生的新课程越来越多。

澳大利亚教育国际开发署在 2001 年度第一学期发布的对澳大利亚大学的研究报告中指出，麦考瑞大学在澳大利亚的国际学生市场份额从 2000 年的 3.24% 增加到了4.8%。其中，主要是来自中国大陆与香港地区、日本、美国、泰国和欧洲的学生。在香港—澳大利亚商业联合会和汇丰银行新南威尔士州商业颁奖礼上，麦考瑞大学因高等教育出口工作的出色业绩获得了“教育出口奖”。2001 年度，香港学生占麦考瑞大学留学生的 29%，占所有留学生的二分之一。

为了给潜在的国际留学生和麦考瑞大学的学生提供留学代理服务，麦考瑞大学在悉尼的唐人街开设了留学咨询服务办公室。麦考瑞大学还在北京、雅加达和美国中西部与澳大利亚教育国际开发署联合设立了海外办公室。在戴的协调和公关下，麦考瑞大学还成功地向澳大利亚移民和多元文化部申请加快并简化国际留学生的审批工作。这样，2001 年 3 月学生就可以网上申请校园签证延期，而麦考瑞大学也是新南威尔士州第一个提供此服务的大学。

到 2002 年年末，按照麦考瑞大学招收海外学生的比例，已被列入世界国际化大学。澳大利亚教育国际开发署 2002 年第一学期

清华—麦考瑞联合培养应用金融硕士班毕业典礼（图片来自网络）

的数据显示，麦考瑞大学是澳大利亚海外学生最想去的第六所大学；如果把境外教育项目的学生算在内是第八所目标大学。

麦考瑞大学与其他几个澳大利亚热门的目标大学相比，规模中等，这就意味着国际学生在第二学期就占了澳大利亚全日制学生 19% 的比例，2003 年年底增长至 25%，这比戴原定的计划时间提前了两年。

从 2001 年到 2002 年，麦考瑞大学国际学生的比例增加了 35%。2002 年共有 500 名国际学生，54.1% 是本科生，45.9% 是研究生。在澳大利亚的教育机构中，45.9% 是一个相当高的比例。但是与之相当的是，在 2002 年第二学期招收了 460 名海外交换生、480 名本科生、750 名研究生，这也是第二学期从海外录取的数量最多的一次。来自中国的留学生成为澳大利亚高等学校增长最快的群体，麦考瑞大学也成为来自中国的留学生首选的大学。

面对全球金融危机的挑战，戴意识到高等教育是提振经济信心的重要因素。在一次推介会上，她说："如今全世界都在面对全球经济危机带来的巨大挑战，然而就在这个时期，国际教育产业仍然保持着活力，学生和他们的父母应该有理由相信投资教育是十分有价值的，并将最终获益。相信国际教育在经济危机之后能够更加强健，并在全球的教育增长中扮演更加适宜的角色。"

从 1995 年到 2001 年，戴连续兼任两届澳大利亚教育国际开发署的总裁。作为澳大利亚高等教育国际化的主要推动者之一，她为高等教育国际交流合作作出了杰出的贡献并为大家所认同。1998 年 10 月，戴获得日本京都立命馆大学的国际关系荣誉博士学位；1999 年澳大利亚西悉尼大学授予她荣誉博士学位，以肯定和表彰她为高等教育国际化作出的杰出贡献。

以全球化、国际化标准培养学生

对于许多学生来说，他们的教育经历中一个很重要的部分就是有机会在另一个国家完成了自己的学业。戴为麦考瑞的学生搭建了这样的平台。到 1994 年年底，麦考瑞大学已与大约 34 所大学达成了交流合作协议。这些学校分别来自亚太地区（尤其是日本、中国、泰国、印度尼西亚和新加坡）、欧洲和中东。

1994 年日语专业的学生不仅从与日本的大学的交流合作中受益，还获得了在日本生活一段时间的机会，通常是一年，在日本参加由安田火灾海上保险有限责任公司、日本航空公司、三菱电子有限责任公司、牧田电子有限责任公司、角川出版有限责任公司、平田市和古殿町市等共同提供的培训项目。

通过国际交流和出国留学项目，麦考瑞大学把国际视野和跨文化敏感度作为学生一般的技能要求。到 2000 年，麦考瑞大学已经派出 5% 的在校生去国外学习，初步实现了国际化培养的目标。而且，麦考瑞大学给出国留学的学生提供留学金。2001 年，麦考瑞大学出国留学的毕业生比例达到 5.6%，比新南威尔士州和首都地区的平均值 3% 高出很多。2001 年，新目标旨在到 2006 年实现 10% 的毕业生出国留学率。

在东欧，麦考瑞大学还享有其他澳大利亚大学不能企及的地位，包括与相关政府和顶尖大学的合作。一批俄语专业的学生在莫斯科进行了为期一年的俄语学习。埃及古物专业的学生继续享有难得的机会在埃及的古物处学习，是因为埃及古物学澳大利亚中心主任纳奎布·卡纳瓦帝教授的大力支持，他在 1994 年成为世界上第一个获准与埃及古史组织建立伙伴关系的考古学家，这也给他提供了独特的机会进入埃及最富有研究价值的考古学基地之一，即位于开罗以南的塞加拉的泰堤金字塔墓。

1995 年，麦考瑞大学参与了很多亚洲地区的发展项目，也参与了在南非的第一次澳大利亚大学展示。这些是戴兼任澳大利亚教育国际开发署总裁时发起的活动。

麦考瑞大学在 1995 年招收的大部分国际学生都是来读研究生的，他们中的一半都是通过在新加坡和中国香港地区的金融与管理方面的海外课程招收过来的。鉴于这类毕业生越来越多，麦考瑞大学决定在这些城市里举行特殊的毕业典礼。麦考瑞大学继续通过国际学生办公室和学校范围专门设立的留学生服务中心来为国际学生提供特别的支持。

麦考瑞大学的创始校长一直期望麦考瑞大学作为国际学术机构的重要部分，能顺应国际趋势。他特别赞许革新的100名奖学金获得者的旅游方案，此方案于1997年确立，鼓励澳大利亚学生去海外机构作研究。1995年，海外拓展学生交换学习的计划也最终确定下来，在马来西亚、新加坡、中国，共有79个海外留学机构作为麦考瑞学生的目的地。目标是在下个十年之初，将麦考瑞大学5%的学生送出国学习。随着国际交换项目的不断拓展，戴在1996年重组了麦考瑞国际学生办公室，使其精简高效，更好地为海外学生服务。

戴把跨文化意识、跨文化敏感以及国际观的培养融入到全体学生的通用技能中。为鼓励麦考瑞大学学生去国外游学，她在制订预算规划时，把海外学习作为奖学金项目的一部分列为优先目标之一，预期在2005年增加10%，政府资助还会另外拨出差旅费来促成这一目标的实现。其他的激励策略，如由教育国际中心所管理的海外教育部门的服务项目，以及国内外的强劲推广活动都在积极鼓励和帮助澳大利亚的学生参与到批准下来的海外学习项目中。麦考瑞大学在2002年成功地送出了大量的学生去海外学习，其数量是新南威尔士州和全国数据的两倍。这个项目受到学生的极大欢迎，预期10%的目标在2004年就实现了。

戴大力支持本校学生出国留学。她希望麦考瑞大学的学生有国际观念，不管来自哪个国家，在其他文化环境中都能舒适地工作、生活。在国际化办学过程中，麦考瑞大学学习了其他国家的许多办学经验，来完善自己。在2005年毕业的这一届学生中，18.3%的学生拥有国外学习经历，这种经历对学生适应全球化的工作环境大有裨益。

为支持学生去国外学习，戴在麦考瑞大学设立专项资金，2005

戴参加麦考瑞大学学位授予仪式（麦考瑞大学校友会供图）

年资金金额达到 200 万澳元。她还将金钥匙国际奖学金协会[①]引进澳大利亚，给澳大利亚的大学生提供资助，麦考瑞大学是第一个引进“金钥匙”的澳洲大学。学校设立的新目标是：到 2005 年实现全校 27% 的学生能去到国外学习。麦考瑞大学是国际学生交流计划组织的成员,该组织成员包括遍布 35 个国家的 245 所大学。

麦考瑞大学在多方支持下，由交通与地方设施部拨款设立了学生事务大使计划。这一计划为留学生提供了极具价值的澳大利亚工作经历，并有助于当地的企业寻求出口机会。尽管对澳大利亚本土学生来说，留学国外还未成气候，但业界已经广泛认为它已经是高等教育的重要组成部分。麦考瑞大学对访问学者的资助项目已经成功地鼓励了学生参与到出国留学的活动当中。2005 年，就有 800 名学生（占同年学士学位获得者总数的 27%）参与，为数最多。

2002 年年初，中国教育部正式批准麦考瑞大学和南京师范大学合作重新建立经济学硕士点。这一年在戴的努力下，最终落实下来的合作项目还有：在中国香港地区的一年国际商务硕士项目；与墨西哥阿纳瓦克大学和法国北部知名的商学院 ESC 诺曼底的双学位合作项目；2003 年在北莱德和海外授予一个新的国际商务本科学位。

麦考瑞大学管理学院赢得了为马来西亚政府制订一个人力资源发展规划的投标。这个项目将在联合国发展项目资助下进行，价

---

① 建立于 1977 年的“金钥匙国际荣誉协会”（The Golden Key International Honor Society）是一个总部位于美国佐治亚州亚特兰大的非营利组织。协会的成立旨在认可学生大学阶段在各个领域取得的学术成就。金钥匙协会目前在澳大利亚、加拿大、马来西亚、新西兰、南非、阿联酋和美国共 7 个国家 365 所大学和学院拥有分会。

值300万澳元。参与到该项目的人员主要来自麦考瑞大学和其他澳大利亚及马来西亚的大学，海伦·兰奇博士是项目负责人。马来西亚政府把这个项目视为实现其成为知识型国家的重要一步。这个项目给麦考瑞大学在该地区赢得了很高的名望，为今后获得类似的顾问咨询工作赢得了筹码。

通过来自新西兰、英国、澳大利亚的四所大学和来自马来西亚的一个教师培训机构所组成的合作集团，麦考瑞大学语言系、教育学院和马来西亚教育部达成了授予教育学本科学位的协议（国际英语教师资格），该项目于2005年开始，学生有两年时间在马来西亚学习，另外两年在麦考瑞大学学习。

麦考瑞大学研究有限公司继续开展其在亚洲发展银行的项目，以促进马尔代夫的二级教育机构转变为高等学府，麦考瑞大学研究有限公司在此项目中作为负责人；参与此项目的还有很多公司（SMEC国际、SAGRIC国际和墨尔本私立大学）以及来自很多大学的顾问。到2003年第二学期，麦考瑞大学的国际学生已经占到学生总数的28.4%，超过了国际化计划的既定目标。麦考瑞大学依然是最大的留学生目标选择地之一。

大学目前与新加坡莱富士学院（隶属于新加坡科技贸易集团）的合作项目刚刚启动。该项目的目的是要把在新加坡进行的管理学院的企业课程、经理人课程和研究生课程等面授课程，经济与金融部和其他部门的本科、研究生课程拓展到亚洲其他地区。另外，与中国、越南、马来西亚、泰国、印度尼西亚和阿拉伯联合酋长国的合作计划也正在进行中。麦考瑞大学还在同位于新加坡的Informatics公司的在线子公司Purpletrain.com在整个亚洲开展研究生项目上达成了一致意见。

麦考瑞大学显著的特质之一就是其学生构成的国际性，这点让戴引以为傲，同时这也是她不断推进国际化的成果。无论是从海外来留学的学生数量看，还是从本土学生出国留学的学生数量看，麦考瑞大学都位居澳大利亚各大学前列。到 2005 年，麦考瑞大学

麦考瑞大学的学位授予仪式（麦考瑞大学校友会供图）

学生中有31%来自海外。在新南威尔士州，麦考瑞大学是外国留学生中最受欢迎的大学目的地（荣获“新南威尔士州2005年度优秀教育出口单位”），位列全澳第4位，而2000年还排在第13位。同时，麦考瑞大学出国留学人数位居全国第一。中国来澳留学的学生也日益增多，而越来越多的中国学生都不选择其他学校，单单选择了麦考瑞大学。此外，麦考瑞大学还是很多德、法留学生的首选学校。2005年，该校西欧留学生人数增加了18%。与此同时，麦考瑞大学还获得了“2005年度教育出口拉丁美洲”机构排名第一位。

高等教育国际化是教育发展的必然趋势。戴在任职麦考瑞大学校长伊始，即敏锐地把握了这一发展趋势，并一直致力于澳大利亚高等教育的国际化。如今的麦考瑞大学，是世界上国际化程度最高的大学。在这里，你可以听到世界上大多数的语言，一不留神就会撞见老乡。肤色、年龄、性别、身份……这一切，都不能成为大学里同学、朋友间交流相处的障碍。

如今的澳大利亚，高等教育输出成为其重要的外汇收入来源之一。为表彰戴为高等教育国际化作出的杰出贡献，在2002年在由澳大利亚电信公司冠名的评选活动中，她当选为年度最佳商业女性；同年又获得澳大利亚建国百年勋章；当她2006年从麦考瑞大学退休时，麦考瑞大学也授予戴荣誉博士学位和荣誉教授头衔。而这些荣誉的获得，来源于她做出的卓越的成就。

第五章 澳大利亚最具创新性大学的再造者

我的许多梦想和激情都与这里的工作紧密结合在一起，它们让我不断丰富这所大学文化的、美学的、国际化的生活魅力。在管理麦考瑞大学的大部分时间里，我觉得非常荣幸。正如温斯顿·丘吉尔所观察到的："那些将工作和快乐有机融合的人是命运的宠儿。"

——戴·叶布瑞

如果说一位优秀的大学校长可以支撑起一所名校，那么，麦考瑞大学是幸运的，因为它能聘请戴担任校长近 20 年。从 1987 年到 2005 年的这段时间里，澳大利亚高等教育曾进行过波澜壮阔的改革，联邦政府基金运作模式发生了巨大变化，其中最大的变化就是联邦政府不断减少对高校经费的投入，依靠政府投入办好大学已不可能。这不可避免地给大学带来了筹集办学经费的全新挑战。

戴立足于麦考瑞大学创建者奠定的基础，凭借她的宏大视野、高远目标和卓越能力，使得麦考瑞大学在 20 年内声誉倍增。有数据显示，与 1986 年前相比，到 2005 年，在她的领导下，麦考瑞大学在创新能力、战略规划、科学研究、办学水平、教学质量、国际化发展、艺术与文化拓展、校园建设、企业化精神及经费筹措能力等方面均取得了显著进步，使麦考瑞大学成为澳大利亚具有创新能力的大学之一。

提出“创新性大学”口号

到 1996 年，戴任职麦考瑞大学校长整整 10 年，对麦考瑞的办学精神和发展动力有了深层次的体认。为了加大麦考瑞大学品牌宣传力度，戴提议在原有校训“研究、勤奋”的基础上增加新的标语“创新”。在她看来，“创新”既是对麦考瑞大学办学精神传统的准确概括，也是对麦考瑞大学未来发展的要求。

事实上，麦考瑞大学自创建伊始，就以“澳大利亚的创新大学”为荣。它的创新体现在方方面面，如教学、科研以及学科决策制定和支撑结构。非常值得一提的是，有很多的倡议在当时首发于麦考瑞大学，现在已经成为澳大利亚高等教育的通行做法。创新的品质是麦考瑞大学拥有优势的一个关键因素，戴提出麦考瑞大学采用新的宣传标语——“澳大利亚的创新性大学”就再合适不过了。

这里不妨略举几例：1968 年，麦考瑞大学就成为世界上最早通过远程教育授予理科文凭的大学。随后，麦考瑞大学成为英语国家中第一个授予精算研究学位的大学，颁发了澳大利亚的第一个校外法律学位，颁发了澳大利亚新南威尔士州的第一个 MBA。而且麦考瑞大学是澳大利亚第一个在大学校园内推出“追随太阳”24×7（每天 24 小时，每周 7 天）信息技术服务声讯平台的大学，这个项目由麦考瑞和伦敦政治经济学院主办，赢得了英国大学信息系统协会颁发的“优秀实践奖”，以及澳大利亚质量保证机构（AUQA）的“优秀实践”推荐。麦考瑞大学是澳大利亚第一个，也是唯一一个建立私立校内研发园区的大学，其研发园区位于该国最大的高科技园区“硅谷”内。麦考瑞大学的学生首次发明了“蛋白质组学”这个术语，现在这一术语已经在世界范围内广泛应用。

怎么让“创新”获得广泛认知和认同呢？戴委托一家公关公司成功设计并运作了一次有力的市场推广活动，同时根据麦考瑞大学原有的形象设计，更换全新的宣传徽标和设计布局风格指南。她采用的全新 CI 形象识别系统，让麦考瑞“传播知识、促进学术”的办学宗旨更加显著，很快获得校内外的广泛认可。

戴领导着麦考瑞大学在诸多领域取得了标志性创新性的成功，很多优秀成果与国内外的研究教育集团、工商业界达成合作。

到 2003 年，戴迎来一个全面收获的年份。共同的创新与研究特质，将麦考瑞与澳大利亚其他五所大学更为紧密地联合起来，它们是：弗林德斯大学、格里菲斯大学、拉筹伯大学、莫道克大学和纽卡斯尔大学。2003 年年中，在戴的倡议下，以上六所大学结成新的大学联盟——澳大利亚创新研究大学（IRU），秘书处就设在麦考瑞大学。这六所大学都是研究型大学，学科门类多，并有很强的跨学科研究实力。它们特意采用独特的课程结构与灵活的学习方法，为学生们提供了更多的选择。

MACQUARIE
UNIVERSITY
SYDNEY ~ AUSTRALIA

麦考瑞大学新的校徽

IRU 制定了集体研究、教学与学习、国际项目、商业团体、地区举措以及与生意、专业及集团建立联系的计划，强调以学生为中心的学习环境，提倡机会公正以及多样性；同样得到强调的还有多模式传达、新的教学技术和面对面教学的整合。

2003 年，麦考瑞作为“澳大利亚的创新大学”在营销领域被评选为“超级品牌”，这是澳大利亚第一所大学获此荣誉。作为主要推手，戴收到了将麦考瑞的营销策略在《超级品牌：洞察澳大利亚诸多信得过品牌》第三部加以宣传推广的邀请。作为迄今为止澳大利亚第一个世界最高营销奖——“金狮奖”的获得者，戴认为其持续成功的关键在于它鲜明的、创新的、赢得多奖项的营销宣传。

麦考瑞——“澳大利亚的创新大学”——这一品牌的使用，也因其有效体现和标识出大学的全面努力而受到澳大利亚大学质量保证机构（AUQA）的表扬。AUQA 在 2003 年 7 月份发布的审计报告，回应了它早期在对麦考瑞大学创新文化全国质量评论中的表扬：“毫无疑问，这一标语深深植根于麦考瑞大学董事会、管理机构、教师团体以及学生的心中，它提供了一个清楚的高水平的方向。”AUQA 认为，戴提出的“麦考瑞大学的鲜明优势和比较优势之十大关键因素”，“是有益于指导政策制定的清楚表达”。2003 年，AUQA 就下列因素正式对麦考瑞大学提出表扬：

利用它的高水平标语“澳大利亚的创新大学”有效表述并表明大学的全面努力；

分级机构证明有益于多学科合作；

决心通过定期考察实践情况不断改善教学；

在项目通过体系里建立商业提议维度；

来自教职工和学生对项目结构的灵活处理的强大支持，对学校坚持灵活学习以及在通过创新技术来加强学生学习的进步方面有积极作用；

正式或非正式的创新举措促进优秀教学实践；

质量保证的全面体系使得大学在国内外取得了值得称赞的质量成果，获得了相应的认可；

科研支持津贴与学校的战略目的相一致；

对科研活动的卓越意识、坚定决心以及职业实践；

建立研发园区方面取得很大进展；

发展组织文化，致力于科研技巧、实践和成果与教学项目的整合；

通过广泛的创新团体延伸活动支持它服务的团体并与之互动；

对图书馆、信息技术以及灵活学习的结构加以发展和利用；

每周24小时的信息技术声讯服务平台，极大地方便了学生的学习；

图书馆内大量有效机制紧密地联系起教职员工和学生；

建立美好校园环境以创建有助于学生学习的氛围。

这一年，麦考瑞大学赢得了AUQA共17项表扬。这些表扬与麦考瑞大学的核心任务的三个方面相符：教习、科研、“创新”团体的拓展。正如AUQA所说，“毫无疑问，麦考瑞大学拥有一支高水平的教师和管理人员队伍。”

2004年，麦考瑞大学迎来建校40周年。此时，戴执掌麦考瑞大学已17年，40周年校庆无疑是对戴治校办学成就的一次全面检阅。戴对此自信满满，充满期待。而此时，好消息也不断传来，在英国《泰晤士报》高等教育副刊上，排名在世界前 200 名的学校中，麦考瑞大学排名第 68 位。去除欧洲和美国的大学以后，麦考瑞大学排名第 20 位，在澳大利亚国内，麦考瑞大学排名第 9 位。

到 2004 年麦考瑞大学建校 40 周年之时，麦考瑞大学取得了巨大的成功。2004 年迎接 40 周年校庆之际，麦考瑞大学举行了一场盛大的创新颁奖盛会，在大会上，世界一流的创新性人才都受到嘉奖。这次活动由《澳大利亚金融评论》、Dibbs Barker Gosling 律师事务所、InnovationXchange 网站以及 Spruson&Ferguson 公司共同赞助。40 年来，麦考瑞大学一直被称为澳大利亚的创新性大学。40 周年校庆的举办，是对“创新性大学”口号的又一次隆重宣传，至此“创新性大学”的理念已经深深植入了麦考瑞大学教职工和学生的心中，也被社会广泛认同。

“澳大利亚的创新性大学”的称号是由澳大利亚大学质量保证机构颁发的。他们发现：“这个称号已经毫无疑问地牢固扎根于学校董事会、管理层、教职员工以及麦考瑞大学的广大学生心中，并指明了方向。”作为澳大利亚的创新性大学，麦考瑞大学第一个拥有了自己的创新型市场战略，并在 2004 年市场行业超级品牌中，成为澳大利亚最被信赖的品牌之一。

戴认为，麦考瑞大学的这种成功具有三个特点：一是差别化与多元化；二是动力持久的专注；三是独一无二的教学方式。她鼓励那些不曾梦想接受高等教育的人努力争取接受教育的机会。麦考瑞大学灵活的学习模式和可供选择的入学路径，给他们提供了接受教育的平等机会，尤其是对女性和那些处境不佳的人来说。

戴持续不断地追求学术成就和卓越研究成果，追求与众不同的教学方式，为麦考瑞大学赢得了广泛的社会认同，并以“创新”引人瞩目。

她的同事、现麦考瑞大学主管科研工作的副校长吉姆·帕培教授说：“在戴·叶布瑞的领导下，麦考瑞大学的科研迅速发展并位居澳大利亚科研最杰出的九所大学之列。”麦考瑞大学在线学习中心主任詹姆斯·达尔齐耳教授说：“澳大利亚没有其他大学能像麦考瑞大学一样，将强大的创新能力与服务社区有机地整合起来。戴会将之归功于培育了这样一种文化。”而她的司机皮特则用更为形象的语言来解释戴管理上的成功：“戴·叶布瑞是最出色的幕后驱动者之一，但我认为，这是因为她总是坐在前台。”

2006 年 2 月，戴离职退休，麦考瑞大学为表彰她为学校发展作出的巨大贡献，授予戴荣誉博士学位，并聘为荣誉教授。这是戴为其辛勤工作 20 年后，麦考瑞大学给予她的最高荣誉和肯定。戴说：“我的许多梦想和激情都与这里的工作紧密结合在一起，它们让我不断丰富这所大学的文化的、美学的、国际化的生活魅力。在管理麦考瑞大学的大部分时间里，我觉得非常荣幸，正如温斯顿·丘吉尔所观察到的：‘那些将工作和快乐有机融合的人是命运的宠儿。’”

成功的十个关键因素

戴凭着女性特有的细腻和独特的眼光，精心体味着生活中发生的一切，对于学校管理也有着自己的独到见解。在戴看来，要成为一位成功的女性校长，首先她应该是一位优秀的学者，有很强的科研能力、突出的组织和管理能力，能够为学校作出准确的定位，找出自己学校与其他学校的区别，从而让自己的学校独树一帜。其次，还要能够洞察时代的变化，积极为变化带来的挑战作出改变。校长应具备国际眼光，不仅让学生在这种国际化的环境中感到适应，还应该让他们充分享受这样的校园环境。另外，获得非政府组织的资金支持对于学校也很重要，目前的形势是政府正在逐年削减教育的资金投入。好的校长要会为自己的学校筹集资金，使学校的生存发展得到保证。

戴提出，大学校长要学会经营大学，成为企业家型的大学校长，方能为学校的创新发展筹备充沛的资金。这不仅是她的经验之谈，更来自于她自己对大学功能演化的切身体悟。从一定意义上说，这

1964-2004

FEATURE

40th ANNIVERSARY of the Macquarie University Act

40 YEARS ON

To mark the 40th anniversary of the Macquarie University Act, the Vice-Chancellor, Professor Di Yerbury, highlights some of Macquarie's extraordinary achievements so far ...

Macquarie University was established in 1964 as a radical alternative: innovative, flexible, interdisciplinary, with multi-mode access, including through new technologies. Serving the needs of industry and commerce is explicit in its statutory role.

Driven intellectually by the spirit of fundamental research, it has always been committed to postgraduate studies.

From the Macquarie Dictionary to laser biomedicine; from proteomics to ancient history; from applied finance to museums and collections: Macquarie has become the benchmark.

On the one hand, *Australia's Innovative University* is part of this country's biggest high-tech precinct. On the other, its beautiful spacious parklands, set around lakes and creeks alive with birds, are home to

of Applied Finance is the world's biggest such program – by a factor of nearly five.

MGSM has been ranked by the Economist Intelligence Unit (UK) as the top management school in Asia, and first in the world for student quality.

With over 28 percent of its students from overseas, Macquarie is the sixth largest destination for on-shore full-degree international students in Australia (and the biggest destination for students from China). In 2001 it won the NSW/Hong Kong export award for the services sector.

This year, with University travel grants, 13 percent of the graduating cohort will study overseas as part of their Macquarie experience.

Professor Di Yerbury
Vice-Chancellor, Macquarie University, and AVCC President 2004-06.
(photo supplied by Newspix/John Feder)

戴在麦考瑞大学40周年校庆时总结的办学经验（麦考瑞大学校友会供图）

也是她能够引导麦考瑞大学迈上巅峰的秘诀。她在担任麦考瑞大学校长之前，已经在莫纳什大学、新南威尔士大学从教，是澳大利亚第一位女性管理学教授；之后她转入政府部门工作，成为澳大利亚政府部门第一位女性高级文员。戴有着超常的学识和丰富的管理经验，在戴的精心管理下，麦考瑞大学成为澳大利亚管理最好的大学之一。

在戴的倡导下，麦考瑞大学的教育资源整合方式从传统走向现代。麦考瑞大学的远程与继续教育改变了传统的面对面的教育模式，融入了当今许多先进的高科技手段。她敏锐地意识到，未来互联网将极大地改变教育，她要求麦考瑞大学凭借网络，尽可能联合全球现有的教育资源，对其整合并加以利用，从而为整个学校教育提供新的发展平台。迄今为止，在全世界范围内，大约有100多所高校与麦考瑞大学建立了这样的密切联系。这促进了麦考瑞大学的教育，同时也扩大了麦考瑞大学对外的交流空间。在中国，麦考瑞大学也有许多的合作伙伴，北京师范大学就是第一所与麦考瑞大学建立联系的中国大学。

在麦考瑞大学，戴最为得意之作，就是与公司合作，另辟蹊径，启动了麦考瑞大学研究发展园的建设。当该产业园于1999年正式开园时，即引进西门子、微软、思科等众多世界五百强企业落户研发园。它毗邻悉尼北部的麦考瑞国家公园，是著名的科技园区，也被称作澳大利亚的“硅谷”，众多世界知名企业在这里安家落户。麦考瑞大学的研发园区成为澳大利亚大学科技园的典范，众多大学争相模仿。

毫不例外，校庆总是需要总结过往，承前启后，继往开来。2004年，麦考瑞大学迎来建校40周年大庆。在建校40周年庆典时，戴利用这个机会总结提炼了支撑麦考瑞大学持续发展的十个关键因素，为麦考瑞未来发展指明了努力的方向。

戴在《麦考瑞大学的独特优势、比较优势和进一步发展的十个关键因素》一文中，总结提炼出麦考瑞大学的独特优势、比较优势和进一步发展的十个关键因素。这十个成功因素经麦考瑞大学确认后，因其强烈的指导意义和综合性的战略规划和过程，受到澳大利亚教育科学培训部的肯定和称赞，被澳大利亚大学质量保证机构认为是"表达清楚、富有建设性的论述，有助于指导决策"。

1. 麦考瑞大学开风气之先的许多创造性举措，现在成为澳大利亚高等教育的操作标准。其中有几个创新甚至获得了国际赞誉，如与伦敦政治经济学院联合运作的 24×7（每天 24 小时，每周 7 天）信息技术服务系统及与科罗拉多州立大学的合作。澳大利亚大学质量评估机构认为，麦考瑞大学"用高水平的宣传标语——创新性大学——有效地表达和指引了大学的全部努力方向"，而且"毫无疑问，这个标语深深地扎根于董事会管理层、全体教职工和学生的脑海和心里……"培养这种文化，包括通过新的麦考瑞大学致力于创新的机构，并充分开发利用这种结果理念，是麦考瑞大学走向未来的关键。

2. 麦考瑞大学拥有诸多世界一流的致力于战略性目标的研究中心和团队，他们有最好的研究基础设施作为支撑。

3. 麦考瑞大学持续成功的重要因素还有，最大化地利用它处于"硅谷"的优势地理位置和显著的潜力、美丽的宽广校园，以及无与伦比的交通基础设施。这就要求麦考瑞大学继续通过财产信托和私人合作伙伴来拓展校园和研发园区，以实现 2004—2044

年校园发展规划，进一步推进产业领域的拓展。麦考瑞大学有八个优先考虑的主题，能反映麦考瑞大学的教学和研究实力，优先致力于社区服务延展和相互关系，以确保这些努力是可持续的：技术转化和商业化、企业精神和管理、环境和可持续发展、社区医疗服务（包括六个诊所）、国际化和跨文化主义、英语语言服务、教育和终身学习、艺术和文化。

4. 麦考瑞大学因致力于“促进卓越教学实践”、“多学科合作”、灵活多样的授课方式、“用创新技术增强学生的学习兴趣”，而获得澳大利亚大学质量评估机构的推荐和赞美。麦考瑞大学对学生的学术、电子和生活辅助服务在国家层面的调查中始终处于前列。现在麦考瑞大学通过兰姆斯公司创建了革命性的电子学习软件。这个软件已经被英国牛津、剑桥和英国其他大学，以及其他地区各层次的教育提供者所采用，已成为技术辅助教学领域的世界领导者。

5. 麦考瑞大学得益于从高质量生源中根据自己的特殊要求挑选本科生。麦考瑞大学是澳大利亚三所研究生规模较大的大学之一，在总数3万人的学生中，研究生占34.44%，其中37.8%的是国际学生。海内外研究生数量的显著增加，源于麦考瑞大学慷慨的奖学金提供机制和强有力的组织架构。到2044年，在麦考瑞的校园，学生总数将可能增加到5万人，如果一切如愿的话，到2010年，研究生规模将占40%。

6. 麦考瑞大学的学生生源是世界上最国际化的大学之一，海外学生占比31%。对许多准备在海外学习的学生来讲，麦考瑞大学是最佳的大学选择之一。大学现在遭遇的挑战是，如何开发利用灵活的、教学模式多样化和高质量的远程学习，包括如何获得教学知识产权的授权。

7. 国际化不仅意味着生源的国际化，更重要的是教学方式和教学环境的国际化。所有麦考瑞大学的学生，都鼓励去海外游学，在学校学习活动经费项目——“游学巨人项目”的帮助下，培养一种跨文化交往的敏感性和国际视野。

8. 持续建立广泛的战略联盟和合作伙伴，这包括与悉尼商业技术学院、国际旅游和酒店管理学院建立战略联盟和合作伙伴。

9. 由于意识到向政府以“行乞”的方式募集大学资金，是一条回报日益减少的道路，麦考瑞大学成功地建立起强大的财政地位，只有不到 29% 的收入来自于政府资助。麦考瑞大学将继续坚持企业化运作的方式以支持学术使命，维持学术卓越，包括盈利项目和服务。

10. 由于被市场评为大学领域的“超级品牌”，麦考瑞大学在国内外拥有很强的品牌认同。这得益于与众不同的创新型市场拓展运动，通过这个运动，麦考瑞大学获得了很多回报，它也被认为是学院伙伴项目领域的领导者。

戴认为，在全球化市场中运作一所大学，要求大学具有创新能力、产业合作、商业化和国际化水平。早在 1997 年，戴在她提交给董事会的年度工作报告中，即提出八个“继续坚持”，阐述她的办学思路。这八个“继续坚持”分别是：

1. 继续培养对学术的关注，包括对优秀学科领域、研究所结构、电脑数据库、图书馆和研发园区进行评估。

2. 继续支持博学的教学方式，培养灵活多样的教学模式以满足学生们的需求。通过交流、通过多媒体方式、通过学术联盟变成一所“无国界”的大学。

3. 继续发展成澳大利亚的创新性大学，这包括：使用目前先进水平的电子访问技术和新技术，敢于挑战创新型模式的教学、研究和服务。

4. 继续注重研究生培养，在21世纪要有35%的录取率，包括在最新设施的支持下通过研究获得更高学位。

5. 继续通过以下方式将麦考瑞大学发展成一个国际友好的无国界大学：通过课内活动、教学和传送、研究和科技交流、交换学生、国际组织对学生领导能力的培养等。

6. 继续录取海外学生,通过面对面交流和成熟的开放式学习、学术组织和多项训练来实现。

7. 继续减少对政府的依赖，并且维持研究生学习和工业研究协议的领导地位。

8. 继续在澳大利亚以及国外通过独特的、成熟的和有创造性的市场竞争来引领市场。

戴以企业家的精神经营大学的治校理念，给麦考瑞大学注入了期盼已久的正能量，使这所在她刚接手时就未老先衰的大学呈现出前所未有的生命活力。麦考瑞大学的办学经费日益增加，对联邦政府的财政依赖度从原先的80%逐渐减少到2005年的20%左右。麦考瑞大学也成为世界上招收留学生最多的三所大学之一，外国学生人数占了全校学生的四分之一。2005年，三分之一的学生来自海外，麦考瑞大学成为新南威尔士州最受国际学生欢迎的高校。与此同时，麦考瑞大学的学科综合排名持续上升，进入世界优秀大学行列。

培养学生的九种能力

麦考瑞大学以培养实用型人才为己任，但实用型人才如何衡量则众说纷纭。1997年，戴就实用型人才的能力培养阐述了自己的看法，她认为学校应重点培养学生的一般性技能，具体可归结为九种能力。戴认为，把关注获得更高教育的目光狭隘地放在职业培训的目标上是十分危险的，这反映了高等教育只浮于注重培养学生曾经或目前的需求，而不是对未来的追求。她希望麦考瑞大学寻求发展以下传承性的技能：

1. 解决问题能力：在不同情况下有灵活且战略性地解决实际问题的能力，这可能要求有一个清晰的解决办法，也可能要求具备批判思维的能力和创造力。

2. 与他人合作能力：一对一和共处于一个团队中，学会理解和应对工作任务中的各种要求以及有效地工作来达到一个共赢的目标，并能处理其中遇到的困难挫折。

3. 领导能力：在小团队的工作中充分发挥领导技能。

4. 读写和沟通能力：能够理解学术研究文章中的复杂意思，这里的沟通能力是指在面向不同观众和面向不同类型的场合的能力体现。

5. 批判性分析能力：要求把所学的知识和现实世界结合起来。

6. 计算能力：阅读数据表格，然后评判从数据中得出的结论的准确性。

7. 信息技术、科技类及计算机的运用能力：运用相关设备的技能。

8. 自我管理的能力：计划和统筹学业工作中的各项活动安排。

9. 文化领悟力：跨文化的敏感度和全球化的视野角度。

在学生培养上，戴将目光投放深远，拓展开来，为澳大利亚人成为世界公民作准备。面对全球一体化的浪潮，麦考瑞大学的目标是成为一所无国界的世界名牌大学，它十分重视发展学生的全球适应能力，努力为21世纪培养国际化人才。戴坚定地认为，麦考瑞大学提供的不仅仅是具有全球化的课堂教育模式和在全球范围内被认可的证书和荣誉，如果想要成为真正的国际主义者的话，大学还应提供必要的第二语言技能学习和跨文化传播学习。这正是戴全力支持麦考瑞大学的本土学生赴国外游学并为其提供经费资助的动力。在麦考瑞大学，这主要是通过旅游机构拨款和大学之间的交换协议两个渠道来实现的。

麦考瑞大学在课程设置的国际化方面，被经济合作与发展组织（OECD）认可为最佳实践者。正是由于麦考瑞大学"重点培养学生的一般性技能、要求学生具备九种能力"，使得麦考瑞大学的学生在习得学术知识的同时，还拥有更多的国际性及多元文化经验。这为毕业生增强核心就业力和竞争力，适应无国界领域里的工作环境创造了极好的条件。据学生毕业去向的调查结果显示，麦考瑞大学的毕业生表现优异，无论在受雇地点、起薪还是雇主评价上都有不俗的表现。

开发在线学习的灵活模式

1998年，随着互联网连接和使用者人数的快速增长，麦考瑞大学网络教学模式在全校多个学科展开。尽管网络教学在当时还只是一个新事物，但戴认为，网络技术发展的日新月异，必将使在线学习成为一种主要的学习方式。从1998年起，戴就大力支持麦考瑞大学自主学习中心的建设，并将建设数字化校园列入学校发展目标。

在一次招待会上，戴向来自政府、其他院校以及公司的嘉宾们介绍了麦考瑞大学在信息技术和自主学习方面所做出的各项成果。在1998年10月举行的管理学院展示会上，主办方要求当晚只能挑出五个案例来展示信息技术成果。这个要求的确有些苛刻，但戴精心挑选，最终选择了中东学研究、坎拉图（kanratu）项目（日语汉字认知）、在线法学课程、土著人视觉艺术和终身教育这五个项目进行网络教学展示。

在戴看来，这五个项目的网络化最为典型，一个也不能遗漏。经过几年的发展，中东研究学科进行的基于电脑化的互动式模拟和平大会在全澳大利亚计算机辅助教学研讨大会上获得了三项认可；在由经济合作与发展组织举办的六国评估大赛中获得了国际化"最佳实用奖"，而且这一教学模式也被多个高校借鉴模仿。在线法学课程的发布，实现了将整个法学课程网络化的第一步，这将为澳大利亚法学院的学生提供一系列优质的服务和资源，该项目最显著的特点就是能够及时提供在线的导师指导服务。

坎拉图项目在全国计算机辅助教学大赛中两度获得最佳荣誉，因为这完全革新了传统日语汉字的学习。1998年，麦考瑞大学着手开发更大的Gengoro软件包，这是由麦考瑞大学的专家、日本基金会和富士公司共同研发的，富士公司和日本基金会同时也是坎拉图项目的合作人。Gengoro 项目运用互动和模拟软件以删除中间的英语环节，致力于培养非书面日语语言技巧。日语学习项目的目标就是要在第一年完全提供网络日语课程，这在澳大利亚甚至全世界都是首例。

1998 年 6 月，麦考瑞大学土著艺术《原始的房子》(*The House of Aboriginality*)的 CD-ROM 的推出，标志着对土著艺术家权利的保护又向前迈出了一步，该项目作为可视的教学资源，赢得了学生的广泛参与。发布光盘是打击日益泛滥的盗版活动的一个举措，因为侵权盗版问题随着悉尼奥运会的到来变得更加猖狂。1998 年年末，大获好评的 CD-ROM 赢得了最高奖项。

由新南威尔士州州立图书馆参与的一家合资企业，在澳大利亚广播公司数据库和太阳微软系统(Sun Microsystems)的支持下，为麦考瑞大学在电子领域的发展提供了一个绝好的机会。这家合资企业向麦考瑞大学的课程提供了当地图书馆面向全国的网络链接，这是南半球最大的私有网络。没有电脑的学生可以通过公共图书馆获取信息。

如何通过更加灵活的在线学习方式颁发创意艺术学学士学位，也是麦考瑞大学一直在摸索的在线学习模式。到 1998 年年底，几乎所有人文社会科学的本科生培养单位都为学生提供了互动式资源。土著学科、研究生教育、早期教育、法语、德语、组织心理学，还有统计学等在基于网络的教学改革上都取得了重大的进步。

为了让教职员工尽快熟悉网络教学和在线学习方式，戴在麦考瑞大学制定了网络信息技术战略计划、灵活自主学习计划和职业发展计划，优先要考虑的就是员工的培训，这包括管理、学术和技术三方面的培训。与此同时，戴要求学校职业发展中心在 1998 年 9 月份推出 e.learning@mq 培训项目，增强麦考瑞大学的教学实力。该项目由大学教学和师资发展委员会提供联邦资金资助。e.learning@mq 自成立后开始提供一系列培训课程，包括演说者系列课程、工作室课程、重点群体课程和员工长期发展规划等课程。

教职员工没电脑，戴就在麦考瑞大学图书馆建立了一个新的电子学习工作室，为员工提供培训和资料帮助，以便他们能够更好地接触网页创作、图形学和声音处理等软件。为让读者能够在网上阅读到顶级期刊的科研文章，麦考瑞大学图书馆和 Elsevier 出版商建立合作伙伴关系，此类合作方式在世界尚属首例。这种网络服务的正式启用，替代了大量传统纸质版的科技期刊的订阅。在 1998 年年末，为了考察在合作基础上建立 24 小时国际 IT 服务台的可行性，伦敦政治经济学院访问了麦考瑞大学图书馆。

长期以来，戴除了在新技术方面进行广泛、大额的投资，以及对学生计算机素养的培养，她也要求麦考瑞其他几个部门协助开展员工和学生的培训。灵活学习中心提供的在线教学持续快速扩大，支持将近 300 门课程，每周的点击率超过 100 万。到 2000 年时，超过 80% 的麦考瑞大学的学生上过在线课程。此外，该中心还建设了一个更大的视频会议室，并全面启动了数字音频实验项目，以实现将授课的录音、储存、编辑和传播完全数字化。

麦考瑞大学，作为公认的网络技术运用实践的典范，在 1999 年继续促进、提高信息技术的竞争力，开创了在线学习的先河。1999 年 2 月，麦考瑞大学在线工作室成立，为在线学习课程方案提供了有力支持。在教学和研究中，教师们可以使用实验室的仪器、特殊演示设备等。与此同时，一个由政府资助的组织开展了“教育在线实验项目”，使得根据客户要求定制的课程素材的在线交付效率大大提高。从1999学年的第二学期开始，学习当代澳大利亚政治的学生可以通过网络获取一系列按需印刷的学习资料，而老师们的课程设计也具有很大的灵活性。

学生是大学的主体，本着一切为了学生、一切从学生出发的立场，戴强调，世界一流的大学环境应该具备“追随太阳”计划所提供的全年不间断的信息技术服务平台，这个平台是由麦考瑞大学和伦敦政治经济学院研发的。该项技术创新不仅荣获了英国大学和学院信息系统协会所颁发的“最佳实践奖”，而且备受世界关注。2002年澳大利亚的纽卡索大学和美国的科罗拉多州立大学也使用了该信息技术服务平台。

2002年7月，戴在麦考瑞大学发布了新一代的信息研发科技规划，麦考瑞大学数字化校园建设进入了快车道。麦考瑞大学和众多商务伙伴合作进行了六个全新的图书馆和基础设施项目，目的是加强全校的信息沟通和学习网络基础设施，使麦考瑞大学成为世界领先的电子化大学：安装“航行者”，打造全新的一体化图书馆体系。航行者是世界首要的图书馆系统，使用者包括澳大利亚国家图书馆、议会图书馆、弗雷特·道宁公司。弗雷特·道宁公司帮助麦考瑞大学安装了世界一流的、也是世界唯一的探测门户系统。此外，麦考瑞大学也安装了由学校与弗雷特·道宁公司共同研发的E-Zerve系统作为电子贮存体系。

不久，麦考瑞大学也安装了Mq&U系统。这是一个为学生和教职人员所研发的个人管理端口，该系统把校园所有的在线资源整合在一起，只要能连接上网络就能获取信息。麦考瑞大学与合作伙伴普兰威尔（Planwell）公司共同评估并安装了 Remedy 系统，作为快速信息技术服务的基础设施。麦考瑞大学与宏基电脑签订了租赁协议，协议规定由该公司提供给麦考瑞大学图书馆 410 台个人电脑，这样麦考瑞大学可以腾出技术人员来进行台式计算机的基础设施和支持。

到 2002 年，麦考瑞大学灵活学习中心已经能提供课堂的在线学习和网络技术了。对该类服务的需求出现了巨大的增幅，每周都有约 8000 名学生使用在线教学设施。中心为无边界大学项目提供了在线课程设计和网络设计，应用语言学、编辑出版和国际商务方面的程序均可在线获得。

2002 年，由名誉教授罗伯特·史密斯担任主席，由来自悉尼科技大学的副教授雪莉·亚历山大等所组成的委员会，对麦考瑞大学网络化教学进行了重大战略评估。评估报告中阐述了麦考瑞大学对科技型教学的支持。灵活学习中心也审核了自 1997 年以来由副校长发展基金所支持的约 50 个灵活学习开发项目。这份评估报告展示了2003 年麦考瑞大学电子化学习的未来发展趋势。

在建设数字化校园的过程中，曾有一段时间，麦考瑞大学一直在处理信息技术服务的问题，这是由于系统和服务器的开发中断了,支持网络服务的能力有限。此外还有对信息技术安全的担忧。2002 年，麦考瑞大学信息技术服务主管布力安·基瑟尔先生与太阳计算机系统有限公司达成了协议，由该公司为麦考瑞大学提供平稳的平台系统来满足未来五年的商务需求和单一整合的数据中心来加强服务器的运作。

新体系能更有效地利用资源，改善系统稳定性，设立了功能强大的防火墙以解决安全问题，并提高了使用办公一体化网络服务的能力。与太阳计算机系统有限公司合作的另外一项成果是共同建立麦考瑞大学的“卓越电子学习中心”，并拟合作建立标准检查程序中心。

从1998年到2003年，经过将近五年的大力建设，麦考瑞大学的在线学习系统和网络化校园得以保持其领先地位。澳大利亚大学质量保障机构在评估时，称赞麦考瑞大学是一所学术水平高的、跨学科的、灵活的大学——这是它自建校以来取得成功的关键因素。灵活学习计划是一种“有益的表现形式”；由于拥有一个强大的质量保证系统的支撑，麦考瑞大学在技术方面的教学和学习方面的投资，被澳大利亚大学质量保障机构称之为是巨大的成功。质量保障机构认为麦考瑞大学重视创新技术方法的发展，把这种灵活学习方式看作是优势。质量保障机构还发现，学生们愿意接受大量的可选修课程，他们有通过多种方式接受课程的能力，因此，他们对可能会发生的课程改变也乐见其成。

2003年，灵活的多方式授课，使麦考瑞大学在众多的大学和公司（包括澳洲电信）中脱颖而出，获得了关键的537.8万美元的资金支持，这笔资金是作为系统基础设施拨款拨给麦考瑞大学卓越电子化学习中心的。戴的一个战略性创举就是在灵活学习中心的领导下，实现了123个中心教学领域的视听数字升级。2003年，该中心还建立了新的录音系统。受澳大利亚开放大学之邀，灵活学习中心成为OLS在人文科学方面的主要提供者。

到 2003 年，麦考瑞与澳大利亚富士通合作开发的 Kantaro 和 Gengoro 这两个日语学习系统已经成为麦考瑞大学电子化学习系统的典范。除此之外，在电子化学习中心的帮助下，日语学习部还增加了 Tebiki 作为指导者来完善 Gengoro 日语学习系统。这一日语学习系统的光盘能够帮助学生自学日语，上市后将会销售到中学。

麦考瑞大学在埃及古物学及早期基督教研究方面非常专业。2003 年 11 月，戴与悉尼科普特教区主教签署了一份谅解备忘录。一项新的计划已经开始实施：2005 年，麦考瑞大学设立科普特研究艺术硕士学位。这是世界首个此类项目，这个项目会得到灵活学习中心灵活多样的教学支持。世界各地的学生都可以在网上获取学习资料和帮助。

针对选择基础科学和促成科学作为专业的学生数量减少的问题，麦考瑞大学和其他四所大学针对中学教师开发了一个关于前沿科学的专业开发项目。澳大利亚大学质量保障机构还称赞麦考瑞为促进 CFL、信息技术服务和图书馆的相互操作和融合作出的努力。三者的融合实现了对教学、研究，尤其是对“无边界大学战略”的持续的学术支持。

2003 年 2 月，马克辛·布罗德勒女士成为了学校的图书管理员；8 月，玛丽·夏普女士就任信息服务中心的主任。在费瑞思的帮助下，玛丽·夏普女士采用了一种三分法，她认为信息技术安全、数据支撑和网络故障恢复是最主要的三种需求。费瑞思负责麦考瑞大学的内部审计和风险评估。澳大利亚大学质量保障机构指出麦考瑞大学的这种方法是“不断革新的，而不是一成不变的。在内部审计中的主要发现已经或正在被应用”。最后，它指出“麦考瑞大学的发展方向和内部审计令人大受鼓舞”。

2003年，一个为大学的信息和传感系统提供安全环境的数据中心已投入使用。与此同时，一个供学生使用的门户网站也已经完成，该网站使学生个人就能够使用麦考瑞大学的网上服务和资源。2003年11月，一个具有最新发展水平的网间连接器安装完毕，为麦考瑞提供了24×7（每天24小时，每周7天）的拨号系统，使用户可以进入麦考瑞大学的网络。

澳大利亚大学质量保障机构称赞麦考瑞大学图书馆的很多做法具备“质量意识”，力图通过多种方式与用户互动，使用多种系统对其运行进行准确计量，并多方寻求机会不断改善提高，用一种有效的方式把学术需求与图书馆的服务内容结合起来，充分展示了一种“延伸的图书管理员”的形象。

可以说，戴创建的数字化校园学习环境、灵活多样的学习方式，使得麦考瑞的学生在获得麦考瑞大学学位的同时，也因其灵活多样的学习方式以及拥有国际互联网教学环境而能够成功立足于当今激烈的竞争世界。

重组学科，以优势学科吸引学生

戴在麦考瑞大学任职两年后，到1989年所取得的成就和战略创举，彰显了麦考瑞大学在澳大利亚顶级高等教育机构的重要地位和雄厚实力。在研究领域，这所生机勃勃的大学，从联邦政府获得的资金实现了创纪录的增长，持续吸引大量来自企业的合同和共同研究资金。

1988 年，澳大利亚联邦政府发布了《关于高等教育的政策讨论文件》（绿皮书）。这份绿皮书带来的主要改变和持续挑战，就是给澳大利亚的高等教育重新定性。随之而来的当务之急就是院校合并，院校合并将与教育属性理念一起强化高等教育的统一的国家体系。由此，澳大利亚掀起了一轮学校合并、学科调整的浪潮。戴以女性的敏锐性和直觉，在统一国家高等教育体系中看到了麦考瑞大学发展的机会，她制定了学科重组计划，力争用优势学科引领澳大利亚。

到 1988 年年底，戴与数个院校的负责人就可能的合并形式举办过数次讨论会，这些院校的学术资料和优势刚好可以弥补麦考瑞大学的不足，但在这些讨论会上戴没有作出最后的决策。麦考瑞大学与悉尼高等教育学院的幼儿研究所之间尤其可能实现互惠互利，合并似乎有可能实现。

麦考瑞大学尽管是综合性大学，但在艺术教育方面并不占有学科优势。在新一轮学科调整和院校合并过程中，戴对与悉尼艺术学院（该校在建立之初就在其规划图上留有一块空地）和新南威尔士州公立音乐学校建立合作关系表现出强烈的兴趣。在最初的协商后，两所学校的多数员工和学生都表示同意戴的这一想法。

1989 年，戴成功主导麦考瑞大学与幼儿教育研究所合并，后者是悉尼高等教育学院的重要部分。此次合并在学术立场上虽有很多可圈可点之处，但也受到了双方的欢迎。由双方代表构成的学术和行政工作人员为了这份将在 1990 年 1 月 1 日生效的合并合同而进行了充分的准备，他们足足准备了大半年。

1990 年 1 月，幼儿教育研究所与麦考瑞大学合并成为麦考瑞的一个学院，由托尼·克劳斯教授出任院长及第一位幼儿教育教授。这两个学术兼容的机构合并受到了双方的热烈欢迎，也见证了学校的一些重大发展和大事件，如 5 月份麦考瑞大学为合并后的幼儿教育研究所毕业生举办了具有历史意义且令人感动的第一届毕业典礼。

经过一段时间的谈判，1990 年 7 月，戴促成麦考瑞大学完成了第二个成功的合并。原生物科学院的脊椎指压治疗法研究中心和麦考瑞大学的骨病研究中心合并为脊椎指压治疗法学院，脊椎指压治疗法硕士学位也已获得批准。这是全球首次将脊椎指压治疗教育纳入大学课程计划，也是澳大利亚首次实现大学与原私人机构的合并。这次合并多方面受益，脊椎指压治疗法得到了学术上的认可，该领域的研究机会以及几个生命科学学科的跨学科交流机会大大增加。

戴抓住时机推进的合并，大大增强了麦考瑞大学的科研实力。获得澳大利亚研究理事会的资金，是评判大学竞争激烈的科研水平的最具实际操作性的标准。

在多所院校机构合并进入麦考瑞大学后，1998 年，戴主持了麦考瑞大学历史上最大规模的学科重组计划，为麦考瑞大学成长为世界一流学府奠定了学科基础。30 年前，在新南威尔士州高等教育复兴的大背景下，成立了麦考瑞大学这所富有创造性的大学。虽然一直以来麦考瑞大学的发展和进步都有着精心的规划，但是戴越来越意识到学校的传统机制需要作出改进和变化。

这一年，戴决定对学校发展进行重新评估和调整。经过广泛和深入的商讨，戴向学校董事会提交了重组学术组织机构的提议，过去几年尤其在评估这一年，该提议在各级机构得以执行实施。这些由教师们提出的改革建议得到了学术评议会的一致认可，教师工会也明确表示他们是不会持反对意见的。

戴学科重组计划的一个具体目标就是要明确学科自身定性的变化。以心理学和语言学这两门非常成功的实证研究型学科为例，它们运用最新的科技手段使自身学科得到了一定的发展，重组后学校将这两个学科定性为理工科的范畴。另一个目标就是要增强跨学科力量，比如说环境和生命科学；而一些学科如社会学、文化学、人类学、传媒学以及哲学已经看到了学科融合所带来的益处。

重组计划的另一重点就是在麦考瑞大学提倡使用 IT 技术的背景下，通过整合一些实力相对弱小的学科来实现行政管理功能和资源使用分配的合理化。数学、物理学、计算机和电子学这些实力强大的院系已经让戴看到了重组带来的益处。重组计划就是要将实力相对弱小的院系进行整合，让它们摆脱之前独自应对经济困境的尴尬。

戴提出的方案，经学校董事会讨论一致认为，所有教学和科研部门应该整合为九大系，隶属于三个学院即工商管理学院、科技学院和人文与社会科学学院。重组计划于 1999 年 1 月开始实施。到 1999 年，在进行了广泛而深入细致的协商之后，所有的教学和研究部门都完成了学术重组计划。原来的学院和教学中心经过重组成为九个学术部门，其中又组建了新的学术院系，隶属于以下三个学部之一：商学院、人文与社会科学学院、科学与技术学院。至 1999 年年末，麦考瑞大学新架构之下的交叉学科和创新文化所带来的益处已经显而易见，包括由于设施和服务共享所产生的成本节约及效率的提高。

1999 年年初，新南威尔士州高校的入学率普遍下降，这引起了社会的广泛关注。然而与之相反的是，麦考瑞大学是该州仅有的两所满额招生的大学之一。很显然，麦考瑞大学重组后的学科设置具有很大的吸引力。这是戴为麦考瑞大学迈向一流大学作出的又一个重要决策和贡献。

与 1998 年相比，麦考瑞 1999 年的入学率提高了 5%，最低入学标准也被取消，尤其是关于经济、金融、商业学科方面的标准。麦考瑞可以灵活调整所有专业高质量新生的数量，以增加科学和技术专业的学生数量。远程教育仍然保持旺盛的需求，1999 年实现了 7.5% 的增长。1999 年，麦考瑞大学开设了新的研究生学位，使其增长到 130 个，几乎是 1990 年（45 个）的三倍。

当时，麦考瑞大学的入学统计数据公布后，成为公众热议的话题。《悉尼先驱晨报》曾报道，麦考瑞大学已经成为具有良好的社会经济背景的高分考生所青睐的大学。此外，麦考瑞大学不仅在吸引大量高分考生方面取得瞩目成就（已远超过其他新南威尔士州的学校），而且也吸引了很多来自西悉尼的学生。在招收土著学生并引导他们进步方面，麦考瑞大学也走在了澳大利亚大学的前列。

麦考瑞大学的毕业生非常受欢迎，这在《澳大利亚优秀大学指南》中得到了明显的体现，这是一份在全国范围内独立进行的年度报告。在年轻人就业不景气和劳动力市场竞争激烈的背景下，麦考瑞大学已经连续三年在毕业生起薪和就业稳定性方面名列前茅，而且在毕业生工作成就方面排名也靠前。与同级别的其他大学相比，麦考瑞大学的综合排名是最好的。

1998 年下半年，戴为提高研究生培养质量，组织全面审核每个研究生的培养计划。在保持原有灵活性的基础上，培养计划修订得更为细致，这为稳定研究生生源奠定了坚实的基础。由于政府财政拨款削减，高等教育经费减少以及整体经济形势的紧张，造成了 1998 年多所大学研究生招生人数下滑。但麦考瑞大学却保持增长势头，研究生招生人数不但没有减少反而增加了 7%，最为突出的是博士生招生增加了 10%，总数达到 723 人；硕士生招生人数增加了 10%，达到 3600 人。麦考瑞大学的硕士研究生项目分布在悉尼、布里斯班、墨尔本、新加坡、中国香港地区以及东京等地，占学生总人数的四分之一。这一数字还包括应用金融学硕士，该项目针对整个亚太地区。

到 1998 年，麦考瑞大学学生人数比上一年增加 6%，总数达到了 2 万人，其中有 700 个学生在东京、中国香港地区和中国大陆完成学业。麦考瑞大学超额完成招生目标，有效缓解了联邦政府政策变化所带来的资金短缺压力。招生人数的超额完成，有助于戴更为从容地面对新政策，即自费研究生将不能享受政府的任何资助。

作为管理学教授，戴对麦考瑞大学的管理学院也是格外关注的。管理学是麦考瑞大学的一个传统优势学科，工商管理相关课程处于全球领先地位。1994 年麦考瑞大学管理学院享有全世界最好商学院之一的声誉。《1995 管理学教育优秀大学指南》中也有着同样的评价。国家质量审查第一轮中的 CQAHE 报告，同样也赞扬了 MGSM，高度肯定了其系统化的实践操作。

1999年是麦考瑞大学开办管理教育学和管理学院建院的30周年庆。麦考瑞大学管理学院是新南威尔士州最早开办工商管理专业的学院。该学院在澳大利亚率先开创了MBA课程并引领了多项创新。自1969年创办以来,麦考瑞管理学院取得了举世瞩目的成就,它拥有高质量的人才培养方案和活跃的学术科研气氛,并在香港和新加坡都建立了校区,超过5000名毕业生就职于全世界多个高级职位,成为享誉海内外的一流管理学院。与30周年庆典相得益彰的是,亚太经济月刊《亚洲企业》将麦考瑞大学的经济管理硕士专业排在全亚洲最优秀的MBA学院第八位。

1999年是国际老人年,面对国际老龄化社会的来临,戴意识到老人护理将会成为亟须的新兴行业,她指导管理学院与麦考瑞大学基督教研究所(MCSI)合作,开设老年人护理管理的研究生专业。此专业结合了管理学院管理培训的优秀经验和MCSI以社区为中心的理念,因此能够提供独具特色的专业管理知识。

管理是一门实践性很强的专业,为确保管理学院提供具有实践特色的教育,戴利用自己昔日的工作关系和丰富的人脉资源,与多家机构建立了教学合作关系,如澳洲联邦银行、德意志银行、新南威尔士州警署等。1999年,麦考瑞大学管理学院还与澳洲管理学院建立了战略联盟关系,以便为澳洲的一些知名企业提供合作机会。

进入21世纪后,麦考瑞大学管理学院取得了一系列骄人的成绩。2000年年初《商业评论周刊》将其评为新南威尔士州最佳商学院,在领导力、创业技能、与业界合作、学科种类、选修课种类和教学成果方面麦考瑞大学的得分均排在首位。此外,根据香港杂志《亚洲周刊》的排名,该院的工商管理硕士学科在全亚洲排名第八。

《2000年澳大利亚优秀大学指南》将麦考瑞大学评为五星级大学，因为其毕业生起薪水平和就业率连续四年位居澳大利亚前列。同时，该指南也将麦考瑞大学列为优秀毕业生成就排名榜中的最高级别（五星级大学）。这个成就的取得和此荣誉的获得，无疑是对戴重组麦考瑞大学学科体系的最高评价。

2001年内，麦考瑞大学管理学院在国际和国内的领先地位得到了证明。因为该学院较高的质量，英国《金融时报》将其列在了全世界商学院四十强中。不但如此，管理学院被《优秀大学指南2002》列在了毕业生起薪和就业能力的最高档次。麦考瑞大学管理学院被《亚洲经理人》商业杂志评为亚太地区最顶尖的十大商学院之一，这是对麦考瑞大学管理学院的认可；该学院又因它与工业产业实践的紧密结合被评为“最佳实践基地”；其MBA课程被《经济学人智库2004》评为澳大利亚和亚洲第一。

麦考瑞大学管理学院课程设置相当灵活，开设了基于高端商业领域的一些新课程。这项极为成功的尝试充分体现了学生的需求。麦考瑞大学还在中国香港地区增设了工商管理博士培养计划，还打算将该项目推广到中国大陆和中国台湾地区。麦考瑞大学的一个学生团队还获得了安徒生校际管理咨询比赛的冠军。

“科研是学校正常运转的黏合剂”

毋庸置疑，任何时期的激进改革，既会带来机遇也会有其局限性，麦考瑞大学1988年的发展，再一次证明了这一点。在资源短缺的情况下，戴领导的麦考瑞大学不光以它的能力和意志积极地应对了各种压力。在政府和公众意见的引导下，戴凭借自己对教育的使命感坚持了自己最初的发展思路。最重要的是，在1988这一年，她领导麦考瑞大学这个有着精准发展眼光、有活力、目标清晰的团队取得了卓越的成绩。

戴认为，一所创新性大学，如果没有科研，那创新就只能成为空中楼阁，科研是学校正常运转的黏合剂。为此，戴成立麦考瑞大学科研委员会和科研办公室，专门负责科研经费的发放，并且科研经费在学校财务预算中享有优先发放权，这极大地鼓励了教学科研人员的积极性。

正如戴多次在各论坛中陈述的那样，麦考瑞大学一直承诺给科学研究以强有力的支持，不管是在资金方面还是在管理层面都是如此，尽管麦考瑞大学经常由于资金削减造成资金短缺，但戴还是一如既往地支持科学研究。麦考瑞大学对所有取得的成就都非常自豪。戴认为正是麦考瑞大学师生这些越来越优秀的成就，刻画了今天麦考瑞的形象。

科研为何会成为学校运转的黏合剂呢？科研项目的申请和完成需要团队，这有助于教师凝聚成创新团队；在学校经费不足的时候，科研经费是保证学校运行的重要保证。正是在这个意义上，戴把科研视为学校运转的黏合剂。查阅戴一年一度向董事会提交的工作报告，她总是在报告结尾处，不忘将最热情的感谢之词献给她的团队和员工。如在1988年年度工作报告中，戴动情地说："在大学里面工作并不是轻松简单的事情，在当前的环境下尤其如此。但挑战和困难似乎从来没有阻止住我们的员工坚持追求美好成就的步伐。"

1989年年初，戴提请任命约翰·克拉克教授为分管科研工作的副校长，建立研究管理部门，这两个举措对麦考瑞大学的研究项目益处颇多。麦考瑞大学地理位置优越，位于澳大利亚全国最大的高科技园区对面，具备研发优势，并且有机会与顶尖研究者们开展合作。

1990年，戴领导麦考瑞大学在牢牢把握住过去五年稳定发展的研究趋向的基础上，再次取得了研究领域的显著成就。从澳大利亚研究理事会获得的研究经费已从1989年的246万澳元增长到1990年的318万澳元。这一显著增长清楚地表明了在极具竞争力的条件下麦考瑞大学的研究人员持续的科研能力。此外，麦考瑞大学向澳大利亚研究理事会经费申请成功率达35%，超出全国平均水平。

随着科研的连续成功，到1994年，作为一所以科研为特色的大学，麦考瑞大学的领先地位在1994年得以确认。到这一年，麦考瑞大学在校研究生比例提高，教学和科研之间的联系更加紧密。麦考瑞大学在继续努力实现其作为现代国际一流大学的目标。

麦考瑞大学的科研基础力量是保持其在澳大利亚作为知识基础型大学领导地位的重要因素。在20世纪90年代，尽管澳大利亚政府大量削减了公共经费，提供给高等教育的基础科研经费也大大减少，但戴领导下的麦考瑞大学，将科研作为首要任务的宗旨一直被坚定不移地保持着，并且不断增强。

麦考瑞大学的学生有很多有利条件接触到优秀的教学和研究资源。1993年，在获得了澳大利亚校长委员会一致通过的情况下，戴作为代表开始管理联邦政府下发的资金以及大学收藏和博物馆的相关事宜。戴在1994年积极提议、设计和开创了《国家大学博物馆和收藏评论》杂志。

戴认为，高质量的科研是麦考瑞大学学术任务的基石。从1987年开始，戴通过一系列的预算战略法案，使得麦考瑞大学不用担心公众基金的缩减，学校坚定不移地保持和加强科研的经费。麦考瑞大学以科研为基础的优势使其在澳大利亚以知识基础为主的大学中名列前茅。作为麦考瑞大学的卓越优点之一，科研在戴的发展战略中，始终是核心构成部分之一。尽管政府用于高等教育的经费不断减少，麦考瑞大学仍取得了巨大的科研成果，想方设法申请各种基金资助，科研经费每年不断增加。

1997年又是丰收的一年。麦考瑞大学申请澳大利亚研究委员会大项目基金(ARC)达27.5%的成功率,在新南威尔士州排名第二,全国排名第七。根据ARC的主要指标，在所有无医学职工的高等院校中，麦考瑞大学人均排名在前两名。麦考瑞大学通过其他渠道申请的科研资金也很成功。其中一笔是来自于联邦政府工业研发理事会工业基金的209.6万澳元,下拨给麦考瑞大学分析生物技术中心，用于基因保护分析研究；另一笔是联邦政府研发基金的19.6万澳元，用于全国最大的流行病学研究——听觉学研究，用于55岁以上人的听觉研究。1997年另一个振奋人心的消息是，麦考瑞大学的一个科研团队在激烈的竞争中脱颖而出，赢得了700万澳元基金，用于澳大利亚基因保护分析。这一研究项目填补了目前全世界DNA基因排序法的空白。

在1999年，麦考瑞大学庆祝了它在语言学和心理学这两个学科领域取得的成功，并且增设了两个国家级实验中心：一个是麦考瑞认知学中心（MACCS），另一个是成人移民英语计划（AMEP）

研究中心。这一年，马克斯·柯尔司尔特教授因为从事认知科学研究而荣获1997—1999年度澳大利亚研究理事会“特别研究员”奖。MACCS荣获1999年“特别研究中心”称号，该项目共有76家中心申请，角逐后有11家中心获选。AMEP研究中心获得了“移民与对外文化交流部”授予的150万澳元基金。

虽然面临激烈竞争，上述成功使得麦考瑞大学到2000年一共拥有11个重点科研实验中心。这些实验室，是在20世纪80年代后期，由澳大利亚联邦高等教育委员会评选的。麦考瑞大学其他获此殊荣的实验中心还有：激光应用特别研究中心（1998），国家英语教学与研究中心（1988、1999）；国家级项目有：艾滋病社会研究所（1989），气候影响研究中心（1990），澳洲矿物探测技术合作研究中心（1992），生物多样性与生物资源重点实验室（1995）等等。

麦考瑞大学于1999年所取得的成绩，再一次证明了麦考瑞大学作为澳大利亚主要研究机构的地位。麦考瑞大学在新南威尔士州澳大利亚研究委员会大项目组取得第二名的成绩，并在全国范围内名列第三。

2000年，科研工作再一次成为麦考瑞大学所取得的各项成绩中的领头羊，并且拥有两个国家级优秀人才培养中心。培养中心于1999年年底成立，于2000年年初正式运作。这样，麦考瑞大学国家级研究中心和重点科研机构至今已有11个。麦考瑞大学认知科学研究中心，由联邦政府创办。这个特别科研中心由来自语言学及心理学系的马克斯·柯尔司尔特教授出任中心主任。报告显示，该中心过去九年收到逾1000万澳元的财政拨款。

成人移民英语课程研究中心是由移民及多元文化事务部部长

在语言学及心理学系所创办的,丹尼斯·穆雷教授出任该中心新主任。成人移民英语课程研究中心由多个机构共同管理，其中包括麦考瑞大学国家英语语言教学与研究中心（NCELTR，其在1988年首次成为国家级重点研究中心，一直延续至今），以及拉筹伯大学教育研究生院。

此外，麦考瑞大学在澳大利亚研究委员会的大项目拨款中人均排名居首位，在无医学院的大学中竞争力拨款指数排名第二。麦考瑞大学在澳大利亚研究委员会自2000年开始的拨款项目中所占份额较上年都有大幅增加。

在新南威尔士州的澳大利亚研究基金会大项目拨款中，麦考瑞大学在绝对成功值上排名第二，在全国排名第三，在研究基金申请成功率上排名第二。麦考瑞大学科研项目申请成功率在三个方面超过全国平均率：澳大利亚研究委员会的大项目拨款率为30%（而全国的拨款率为22%）；澳大利亚研究委员会的研究基金拨款率为23.3%（全国比例为14.6%）；澳大利亚特别研究中心拨款率为20%（全国比例为14.5%）。麦考瑞大学物理系特别出众，它的经费申请成功率为73%，11个科研计划有8个获得了澳大利亚研究委员会的大项目拨款。

在研究基础设施、设备和器材（RIFF）计划中，麦考瑞大学的4个研究计划全部获得了研究基金,还有12个研究计划属合作项目。麦考瑞大学在工业战略伙伴研究和培训基金（SPIRT）的资助金增长较高，并且在国际科研交流基金（IREX）的项目申请成功率上也有不俗表现。

随着科研竞争的加剧，大学推进新科研项目资金的多少，对于能否获得联邦政府研究资金至关重要。为了获得更多联邦政府研究资金，戴于1999年在麦考瑞大学倡导创立了科研创新基金，作为麦考瑞大学科研战略计划的延伸。这一举措在2000年使麦考瑞大学获得了极大的回报，这鼓励麦考瑞大学在以后继续加大科研投入。2000年赢得创新基金的三个项目中，有两个都获得了额外基金，另一个属于合作项目，也获得了资助。

随着科研项目的增多，如何衡量科研成果的质量，也是戴要考虑的问题了。这就需要一套评价指标体系。麦考瑞大学设有多种科研指标用来衡量研究的成功与否、成就大小，以及进一步完善的策略，其中一项重要的科研指标体现了研究项目长远的国际影响力。2001年10月，美国科学信息研究所发表的文章证实了麦考瑞大学在这方面的成功。与1995—1999年相比，麦考瑞大学科研成果的引用率2001年在全澳大利亚总排名第四；工程技术类排名第一；化学和生化科学类排名第一；医药和健康科学类排名第一（医科院校除外）；农业、兽医和环境科学类排名第二；地球科学类排名第三；行为和认知科学类排名第四；生物科学类排名第六。

正如《澳大利亚人》在报道中提到的："麦考瑞大学和拉筹伯大学能加入八所研究密集型大学联盟这一指标的前十位，说明它们非常卓越。"

2001年最精彩的成就，莫过于麦考瑞大学环境生命科学学部下属的澳大利亚太空生物学中心的成立，澳大利亚电视台在介绍麦考瑞大学召开的一次国际性会议时对此作了报道，著名科学家保罗·达维斯在会上作了题为《生命起源》的发言。新成立的澳大利亚太空生物学中心于2001年初加入了美国宇航局（NASA）太空生物学研究中心，成为NASA迄今为止授权的三所国外研究中心之一。

2001年10月份，达维斯教授以兼职教授的身份加入澳大利亚太空生物学研究中心，澳大利亚媒体对此进行了深度报道；11月，该中心主任马尔考姆·沃尔特斯教授主办了澳大利亚国家博物馆的展览——《到火星和外太空去——寻找生命的起源》，展品包括40亿年前的火星陨石。

从20世纪80年代戴执掌麦考瑞大学以来，麦考瑞大学击败诸多竞争对手，成功创立了12家优秀的国家级中心和主要研究设备中心。由于这些中心杰出的研究以及与澳大利亚工业行业的极佳互动关系，各种独立的专家评论和连续的国家级质量报告纷纷推荐麦考瑞大学。这些中心中有几家的科技创新成果已经成功商业化，所有成果都能够每年从政府和非政府机构获得经费，这些经费为科研和扩展研究提供了大力支持。

2001年9月，麦考瑞大学著名的认知神经心理学家马克斯·柯尔司尔特教授被推选为澳大利亚15位顶级研究型科学家之一，并获得了联邦政府的特别研究员职位。这一职位给予柯尔司尔特教授五年112.5万澳元，或每年22.5万澳元的工资待遇，麦考瑞大学每年也拨款22.5万澳元给柯尔司尔特教授用以资助其研究工作。这一结果是对柯尔司尔特教授进一步的认可，1999年他还获得资助成立了一个特别的研究中心——麦考瑞大学认知科学中心（MACCS）；此前因为他在认知科学方面的研究曾获得1997—1999年的澳大利亚研究委员会“特别研究员奖”。

2001年，麦考瑞大学的人文和社会科学研究也取得了不俗的成绩。麦考瑞大学的澳大利亚埃及学中心考古学家对现代开罗南郊的古代 Helwan 墓地的发现，登上了国际新闻头条。这个面积为 100 公顷的发掘场被认为是埃及首个都城孟菲斯的大墓地所在。六个新发现的墓地建于金字塔之前的几百年。这个未开掘墓地的发现，将会揭示早期孟菲斯的社会、建筑和历史细节。

麦考瑞大学的澳大利亚教育研究中心在为九所学术研究所和研究中心提出的获胜提案中扮演了重要角色。这份提案旨在对联邦家庭和社区部抽样的澳大利亚孩童进行全国纵向观察，该研究预算为 1800 万澳元，历时九年，将会在全国儿童中取样，对他们从婴儿到小学期间的健康进行观察。

在获取初级澳大利亚研究委员会（ARC）奖学金和 ARC 助学金方面，麦考瑞大学的成绩也超出全国平均水平。需要特别指出的是，麦考瑞大学人均获得上述奖项率分别为 27% 和 15.6%，而平均水平分别为 22% 和 14.3%。在没有医学院的院校中，麦考瑞大学在人均争取到研究定额的数量上排名第二，在过去五年中的排名总是第一或第二。

2002 年是麦考瑞大学在研究方面成果丰硕的一年。这不是根据单一的衡量标准得出的结果，而是根据一系列的国内和国际指标得出的结论。2001 年麦考瑞大学作为联邦大学委员会成员，在澳大利亚研究委员会的资助下，与合作研究中心以及其他卓越中心的合作，在引文分析和知识成果商业化方面成绩显著，顺利实现了研究计划中设定的目标,并成为澳大利亚研究性大学的领军者。

2002 年，ARC 对学校的技术拨款为 416.9476 万澳元，比 2001 年增加 87%。于 2003—2007 年间进行的项目在 2002 年年度获得的拨款总额位列澳大利亚第九名，也就是除澳大利亚顶级的八所大学之外的第一名。麦考瑞大学在这方面的成绩还是比较突出的。

2002 年，麦考瑞大学在 ARC 联动项目中的申请成功率为 75%，在澳大利亚居第三位。戴制订了一系列的策略来加强在这一领域的申请力度，包括建立工作室，取得新业务开发组的支持，鼓励在项目预启动阶段以外部合作研究的方式促进与企业的合作。在戴制订的麦考瑞大学战略计划中，2002—2004 年间的 40 个重大目标之一就是使这类收入数额翻倍。与此同时，麦考瑞的 ARC 研究基础设施拨款（RIBG）也达到 231 万澳元，主要用于研究项目基础设施建设。

2002 年 7 月底，澳大利亚教育科学和培训部部长卜仁丹·尼尔森博士宣布麦考瑞大学在第二轮澳大利亚最负盛名的大学和由社会资金支持的研究项目数量最多的大学评选中脱颖而出，获得了联邦学术奖金。麦考瑞大学力图吸引澳大利亚顶尖的研究者和杰出的国外研究者到一些关键领域，领导世界顶级的研究队伍开展在经济、环境和社会方面都有利于澳大利亚的研究工作。2001 年 9 月，世界顶级认知神经心理学家马克斯·柯尔司尔特教授为麦考瑞大学赢得了一项学术奖金，麦考瑞大学有幸成为在两轮中都胜出的四所大学之一。

2002 年，联邦学术奖金由西蒙·特纳获得。他是澳大利亚人，就职于英国布里斯托尔大学。他在麦考瑞大学澳大利亚研究委员会地球化学演化与大陆成矿作用研究中心（GEMOC）进行了地球化学循环和地球进程时间段的研究。他是一位杰出的研究者，是英国皇家学会的研究员，在英国，他曾被授予“莱尔奖”。GEMOC 中心主任 Suzanne O' Reilly 教授成就突出。她曾在 2001 年 10 月获得“系统基础设施创新计划(其前身为‘托起澳大利亚国力’计划)”的 512.5 万澳元的资金支持。

自20世纪80年代以来,戴领导麦考瑞大学在12个不同的领域,在激烈的竞争中,成立了多个国家卓越中心,置办了主要研究设施。由于出色的研究成果及其与企业的互动合作,麦考瑞大学在各种专门的评审和一系列的国家质量检查中大受赞誉。麦考瑞大学的许多研究中心已经将它们的技术创新成果商业化。这种做法可以有力地支持它们的研究和外延服务,可以作为政府和非政府来源收入之外的一种补充收入。

2002 年 12 月,澳大利亚教育科学和培训部部长宣布麦考瑞大学加入联邦政府 2002 年的两个合作研究中心(CRC)。麦考瑞大学作为主要技术提供者首次加入生物环境技术合作中心。昆士兰州、悉尼、新南威尔士州的大学以及莫道克大学也加入了该中心。联邦政府向合作研究中心拨款 1950 万澳元,直接用于与农业废弃物相关的增值产品的生产、污水改善生物系统以及相关产业感应系统的建立。麦考瑞大学的研究者们负责其中两个项目的研究:顿肯·威尔教授负责微生物表征方法研究,皮特·伯格奎斯特教授负责环境生物制品的研究。

此外,创新性粮食产品合作研究中心获得了2450万澳元的资金,用于通过对有益健康的粮食产品的开发来增加澳大利亚粮食的价值。麦考瑞大学的三位生物学家罗福特·维罗斯、布瑞安·奥特维尔和玛莎·卢德维格将运用他们的专门知识进行这方面的研究。

2002年12月，联邦教育、科学和培训部部长宣布了2003—2007年间的ARC卓越中心名单，这些中心将会在四年中接收到共计9000万澳元的资金。8个成功入选的卓越中心涉及12所大学，覆盖政府指定的优先研究领域——纳米材料和生物材料研究、基因组、现象研究及复杂智能系统和光子科学技术。作为澳大利亚研究委员会量子计算机技术卓越中心和光学系统超高宽频设备卓越中心的合作者，麦考瑞大学是成功加入两个或是两个以上卓越中心的九所澳大利亚大学之一。

澳大利亚天文生物中心（成立于2001年）的新设施在2001年11月已经投入使用。这一中心是美国国家航空和宇宙航行局（NASA）承认的三个附属机构之一，NASA已经宣布它成为其两个合作伙伴之一。2001年，ACA由于其组织的各种活动而受到媒体和公众前所未有的关注。ACA还获得了太阳计算机系统公司价值25万澳元的技术。

ACA的自然哲学教授保罗·达维斯被授予2002年年度皇家学会法拉第奖。这一奖项被认为是英国科学领域的最高奖，每年颁发给促进科学、工程学或者技术在大众的传播中贡献最大的人。保罗·达维斯是一位理论物理学家，同时也是生命起源方面的演说家和作家。他在2002年8月出版的《自然》杂志中提出光速并非是一成不变的，而是随着时间的推移逐渐变慢的。这一观点对一些公认的物理学定律和宇宙起源的解释来说是一种挑战。

麦考瑞大学的明显竞争优势是专注于一些新的先进科学技术的研究（填补了新南威尔士州在工程学和技术研究方面的空白）。麦考瑞大学在各个学术领域至少拥有一个世界级的研究中心。

2002年，仅在科技领域就拥有八个研究中心：激光、荧光系统和流式细胞术、蛋白组学、天文物理学、工业酶、半导体（包括量子点）、大陆起源和成矿作用以及认知神经心理学。

悉尼北郊区是新南威尔士州生物技术产业的中心。2002年，麦考瑞大学成立了生物技术研究院以加强这方面的技术研究，提高了获得联邦政府、州政府以及个人投资方面的竞争力。

2002年，澳大利亚有9所学校入选科学引文最完善的世界前100名大学，麦考瑞大学就是其中之一。在此之前的10年其科学引文覆盖21个领域，这与2001年美国科学信息研究所（ISI）公布的麦考瑞大学在其科技研究出版物的国际影响力方面的排名是一致的。麦考瑞大学在澳大利亚工程学和技术领域排名第一，化学和生物化学领域排名第一，在科技领域的综合排名第四。

戴一直强调，科研是影响一所大学好坏的重要因素，而麦考瑞大学的研究水平长久以来一直能够高于全国平均水平，在申请澳大利亚研究委员会的科研补助金时竞争力很强。麦考瑞大学于2005年获得澳大利亚研究委员会开发计划补助金的成功率是34%（全国平均水平为30.9%），获补助项目数位列第八，总拨款数位列第十。2005年麦考瑞大学的项目中有38项获得补助，价值320万澳元，是历史上最好的一年。

申请ARC著名的联邦奖学金中每轮都能成功的学校并不多，可麦考瑞大学是其中一个。该奖学金旨为那些身居要位的世界级研究者提供在澳研究的机会和资助。麦考瑞大学第五次申请联邦奖学金，申请共四轮。来自于美国阿莱塞公司的拉瑞·马歇尔博士是麦考瑞大学光学半导体领域的毕业生。他成功地申请到了奖学金，使得麦考瑞的成功率上升到了全国第六。

戴经常说，科研是“将整个大学黏在一起的胶水”，这反映了她所追求的科研、科研训练、教育和学习与拓展（包括科研商业化）之间的关系。

到2003年，戴制订的研究战略规划全面开花，麦考瑞大学声誉日隆。麦考瑞大学在2003年又一次作为研究型大学的领军人物之一而声名卓著，这一声誉通过一系列的国内国际指数得到体现，包括澳大利亚研究委员会基金、联邦研究院基金，与新的合作研究中心的伙伴关系，引用排名、国际获奖情况，以及知识产权的商业化。总之，研究战略计划设定的目标得到了很高水平的实现。

麦考瑞大学因为在科研领域所取得的成绩而被《优秀大学指南》评定为五颗星。它还在AUQA的考核中因研究管理方式的“有力领导”和内部研究审计的“认真与高质量”而得到很高的肯定。AUQA赞扬了戴制订的“研究战略计划”，认为这个计划“规划全面，前景及使命清楚，目标明确，将目的、责任人及执行情况相结合”。它提出麦考瑞大学所取得的成果有力地支持了计划目标的完成，可“作为国内国际认可的科研相关领域的领军者”。

在这方面，AUQA部分提到了麦考瑞大学的成绩记录：ISI的科研引用影响（科学技术研究排名的重要国际标准）排名中，麦考瑞大学在工程技术领域、化学和生化领域均位列澳大利亚第一，在科技领域的综合排名为第四；世界范围内上一个十年中科学引用的前100名机构中，澳大利亚仅有9所大学位列其中，麦考瑞大学是其中之一。

这一排名在2003年上海交通大学作的世界科研调查中又一次得到证实。麦考瑞大学在前100名亚太大学中排名第37位，具体标准包括诺贝尔奖的获得情况，引用、出版以及教职员工的科研情况。考虑到麦考瑞大学的历史、规模以及学科比例（不包括医学、牙科学、兽医学、农业或者传统工程学），这是一个非常令人满意的结果。

2003 年 10 月，澳大利亚研究委员会奖金的宣布，使戴新提名任命分管科研的副校长吉姆·派培教授很有理由庆贺一番，派培教授之前是信息与传播科学系的主任，ARC 激光及应用特别研究中心的主任。麦考瑞大学在获得奖金的数字和绝对价值排名第七，超过了很多历史比麦考瑞大学悠久的大学，如“八校集团”，他们是澳大利亚历史最悠久的大学，在上述学科中占有更大的优势，这通常能吸引到大笔研究基金。麦考瑞大学在这个方面的成功率排名第五。

2004 年度与 ARC 有关奖金中还有更多好消息，这无疑是对麦考瑞大学建校 40 周年科研能力的最好肯定。七笔奖金的获得，使得麦考瑞大学的成功率达 70%（全国平均数为 49.6%）。麦考瑞大学在 LIEF 奖金中共申请三项，两项获得成功，总额为 97万澳元。麦考瑞大学在 2004 年度的“ARC 种子基金科研网络”中也有突出成就。除了两家高校各有一项申请获得成功外，麦考瑞大学的成功率是最高的，达到 75%，麦考瑞大学递交了八份申请，六份获批。在资金总额和获批奖金的数目上，麦考瑞大学都排名第六。

对麦考瑞大学持续在 ARC 项目经费申请上的成功，澳大利亚大学教育质量保证机构高度赞扬麦考瑞大学的内部科研奖金机制，认为戴在麦考瑞大学“建立了一整套基金激励机制，有战略目标，在帮助大学实现既定科研蓝图中发挥了有效的促进作用”。

第六章　大学企业化运作的成功实践者

当我1985年出席麦考瑞大学毕业典礼并作演讲时，我热爱麦考瑞大学的这颗种子就被种下了。我认为，如果这所大学能聚焦它的研究力量、它的校园和位置、它初创时的愿景，它将具有巨大的潜力。如此，它能够培育与众不同的优势

——戴·叶布瑞

几乎每位大学校长都会遭遇的共同难题就是办学经费的筹措。1987年，当戴就任麦考瑞大学校长时，发现大学的大部分经费由政府支持，但是，政府给的经费难以满足学校的需要，而且政府在日渐减少对大学的经费支持。怎么办？发扬企业家精神、综合利用外来资金、资源及建立战略合作伙伴关系，是戴企业化经营麦考瑞大学的“三大法宝”。

澳大利亚有媒体说，戴是一位成功的商人。1994年6月，《澳大利亚周末》将麦考瑞大学描述为“可能是全国最为成功的企业化大学”。戴自己也承认她是一位成功的商人，她认为大学应该追求成功的科研和教学，但同时大学也必须学会筹集更多的资金来提高科研和教学质量，不能一味依赖政府拨款，而筹集经费的最好方式，就是利用大学的技术和人才优势，进行商业转化。戴说：“我们有土地、有技术、有人才，完全可以商业化，这样我们可以做更多的

事情。利用其他人的资金和资源，用来发展学校。”

整合资源，拓宽办学经费来源

企业化经营麦考瑞大学，是戴任职麦考瑞大学校长以来就坚持的办学战略。不过，要有效实现这一战略，需要戴整合校内校外两种资源及国内国际两种资源。

戴整合校园资源的一个重大决定就是成立麦考瑞大学自己的研究公司。1989 年，麦考瑞大学制订了一份研究管理规划，创建了一个研发公司，即麦考瑞科研咨询有限公司，由此，麦考瑞大学的研究活动得到了进一步的提高。该公司带有独特的公司身份，既有私人成分也带有公共权力机构性质。麦考瑞大学许多已经规划完毕或是已经进行的大学研发项目，将借助这种咨询及合同办公的方式得以实现，这相比普通的大学机构进行研发更为灵活完善。这个公司也会代表个人、中心及学院进行企业式研究。

麦考瑞大学的科研咨询有限公司创建不久，即从公共和私营行业吸引了一系列稳定的科研与咨询合同，涉及的领域包括环境、海洋教育和与工作相关的行为研究。曾几何时，也有几家澳大利亚大学朝这一方向行动，麦考瑞大学希望通过学习它们的运作方式，来尽可能精干高效地进行自身的科研活动，实现资源整合、成果转化。相对于获取丰厚的利润而言，戴更看重的是公司推动大学的研究活动。

随着公司业务量的不断增长，1994 年初，戴提议理查德·沃克为公司总经理。1994 年 12 月，戴将麦考瑞科研咨询有限公司改名为麦考瑞科研有限公司。这一年，公司业绩显著增长，主要成就表现为：管理代表大学科研小组的主要项目；持续参与印尼—澳大利亚东部四所大学的联合项目；与澳大利亚太平洋科研所、环境研究生院以及高等教育和职业发展中心合作，面向亚洲参与者拓展短期课程项目；协助发展资助激光和应用特别科研中心开展国家认可的商业活动。

到 1996 年，麦考瑞科研有限公司全年从国内外 180 个项目中收入 700 多万澳元，其中有 90 项研究型项目，仅 1996 年就有两项专利正在申请，另有员工的 8 个技术项目的执照正在与商业机构协商。戴的这一大胆举措，业已证明是成功的。

戴经营麦考瑞大学的思路很清晰，在她摸清大学的家底后，她需要走出麦考瑞大学，需要找到战略合作伙伴，这样才能实现校内外资源的充分利用，实现双赢。

1996 年，戴成功为麦考瑞大学找到一个重要的战略同盟——微软研究中心。麦考瑞大学非常得益于双方的亲密合作关系，因微软研究中心的慷慨赞助，双方关系进一步发展。这一年，双方因新的战略安排加强了合作，微软连续三年每年提供 100 万澳元给麦考瑞大学，用于微软研究中心在校园里的迁址、另聘两位资深科学家以及提供给博士生高额奖学金。

同年，戴引进的另一个合作方是显微研究基金会，由该基金会出资在麦考瑞大学设立一个研究中心。戴授予该基金会会长，同时也是国际外科医学院院长的厄尔·欧文教授麦考瑞大学荣誉教授头衔。这一合作，进一步加强了显微外科医生们与麦考瑞大学的激光和应用特别研究中心已有的联系，特别是在激光应用于显微外科手术方面。

1996 年，麦考瑞大学联合日本的罗拉科技高级研究所和新南威尔士大学一起，赢得了澳大利亚政府“定向机构链接计划”中的一项主要津贴，该计划是澳大利亚发展本国研究国际化的关键战略。麦考瑞大学和澳大利亚联邦科学与工业研究组织合作的高级系统工程联合中心的雷·奥芬教授领衔了一项课题，名为《限制和决定程序：电脑辅助系统工程的适应性创新》。麦考瑞大学与中国的交换生中有三名博士生参与了澳中研究课题，该

麦考瑞大学编辑出版的《麦考瑞词典》（图片来自网络）

课题享受地理专业的苏赞内奥·雷利教授早些时候获得的定向机构链接津贴。

在戴的主持下，麦考瑞大学编撰了澳大利亚第一本英语词典《麦考瑞词典》，这是一本国家词典，其在澳大利亚的地位相当于《新华字典》在中国的地位。在此基础上，麦考瑞大学还推出第一本《亚洲英语词典》。为整合联系更多的资源，戴还推出另一个首创之举，即和出版商麦考瑞大学图书馆私人有限公司联合推出麦考瑞网站，提供单点接入大量的信息储备，核心信息是《麦考瑞词典》的网络数据库，此举也是麦考瑞大学在教育参考方面的一个重要突破。

20 世纪末，澳大利亚高等教育贡献计划的改变（该计划的主要内容是政府削减对高等教育的经费资助），给学生和教职工带来明显的负面影响。联邦政府预算削减了提供给有需要的学生和家庭的学习津贴，并进一步削减了教职工的生活津贴（1997 年平均削减 1%，1998 年再减少 3%），还取消了某些无限制基金。联邦政府预算减少，导致州政府大大增加了工资税收，麦考瑞大学每年又要多交近 100 万澳元。就像前任工党政府一样，澳大利亚教育、培训就业和青年事务部部长拒绝补发生活津贴来帮助麦考瑞大学接下来在两三年内分阶段实施教师 15% 的工资增长。

考虑到国内同类岗位工资的调动，戴支持提高教职工的薪酬。但因为联邦政府的这些决定，为了顺应新的预算背景而又不减少高质量的重要活动，麦考瑞大学必须要和其他大学一起，在这 10 年剩下的时间里作出巨大改变。在这种情况下，联邦政府进一缩减拨款的消息，如同要一个刚跑完 400 米决赛的运动员再去跑马拉松。

过去的10年，澳大利亚的大学不得不接受平均到每个学生身上的补贴严重缩减的事实，但诸如麦考瑞大学这样的大学还是在经费增长方面取得了硕果累累。面对日渐缩减的政府拨款，戴指导麦考瑞大学制定了全新的拓宽经费渠道决策来增加收入以及降低不断增长的成本，这些决策在某些情况下具有深远的意义。决策要求在具有发展潜能的领域例如信息技术和市场营销领域增加经费。

对于麦考瑞大学来说，从上一年末发布的高等教育评论中获得的帮助很少。麦考瑞大学已经实施了很多改革，包括上马使用全新的信息管理系统。其中的一些改革在全面实施时将会使效率大大提高成为可能，这些都已经纳入了预算规划。

从1987年到1996年，麦考瑞大学的学生和工作人员的比例已经从11∶1攀升到了大约16∶1，因为随着不断降低的单位学生的费用，大众教育系统也在不断改变。戴在麦考瑞大学连续三次开展了自愿提前退休计划，最后一次由1996年一直延续到1997年，这让不少年龄较高的教师最终离开麦考瑞大学，但这是吸纳更多新鲜血液的需要。

随着经费增收渠道的不断拓宽，麦考瑞大学从其他各种渠道中获得了大约一半以上的收入，成为澳大利亚所有公办大学中对政府资金依赖最小的大学。这种企业化模式主要体现在从一部分的研究生课程中挣得费用。这些课程主要包括管理学和应用金融的课程以及合同的研究，还包括短期课程及和投资相关的其他咨询。

1996年，麦考瑞大学及其公司从教育输出和研究中挣得大约

1600万澳元。这些钱大部分来源于在悉尼、新加坡、中国香港地区和东京通过网络学习的国际学生所交的费用，以及研究经费和其他咨询合同约定的资金。为了进一步扩展教育输出，戴完善了将在1997年执行的计划。

作为精于预算管理的领导者，戴更为重视1996年的预算计划和管理。她着重全力推动科研，改进实体结构，保护图书馆的收购预算，支持包括科技辅助教学的改革教育策略，补充和发展技术基础和信息管理体系，提高大学总体质量。

一直以来，在金融委员会和审计委员会的帮助下，戴积极关注着自己的职责。在1995年的财政申报中，麦考瑞大学和它的公司被颁发了合格审计证书。1996年12月，麦考瑞大学董事会通过了1997年的执行预算，该预算更加注重国际化和技术支持的教学以及教职工发展和市场营销。

建设澳大利亚一流的研发园区

戴办学的企业化精神体现在哪？在戴看来，大学不能仅仅创造知识、传播知识，更有责任将新知识、新技术用之于社会。戴企业化运作麦考瑞大学的一个重要载体，就是与社会力量合作建设研究发展园，用知识和技术造福社会。研究园的目标是成为国际公认的高科技研发园区，促进经济发展；通过合作研究和创新，大学因与商业、工业和政府的成功合作而获得国际承认。

基于对麦考瑞大学独特地理交通位置的认识，戴在1989年即提出建设麦考瑞大学研究发展园的构想，当时她主要进行的是可

戴一手创办的麦考瑞大学研究发展园（图片来自网络）

行性的研究。可行性计划于1989年年底完成，在学校董事会的批准下，重新划分区域及开发应用的校园发展规划行将开始。戴提议即将建立的研发园要成为麦考瑞大学最为重要的工程，因为它将行业和政府研究、学校研究人员的工作发展前景和额外的民间收入来源紧密连接起来。戴认为，该项目恰当地、经济地利用了学校最大的单独资产——土地，同时也保持驻地的大学的所有权，并以此来换取宝贵的研发机遇和其他学术及金融利益。

1990年，是研发园建设的关键年。研发园建设者们为学校作出的贡献，戴在该年的年度工作报告上隆重记上了一笔："这一年的年会引起了我的关注，提醒我这样一个事实：麦考瑞大学的成就实际上都是这所校园所有成员的成就。”为使规划中的研究发展园能正常运行，所有的规划与发展的批准以及租赁的安排在1993年都已落实。尽管近年的经济与金融环境难以鼓励潜在的发展商与投资商作出坚定的投资承诺，但还是有大量的利益存在。戴预计，一旦经济大环境有较大改善，就会出现积极的洽谈。

为加快研究发展园的园区建设，尽快抢占创新制高点，在回顾了之前寻求资产供应商的策略并分析当下经济形势后，戴开始制订新的发展方案与业务规划，她打算凭借自身的力量承担第一批研究发展园区建筑的建设任务。她奔走于澳大利亚工业和商业界巨擘之间，与 Baulderstone Hornibrook 合资寻求潜在客户入驻大学研发园区。至1997年年底，戴已与两家公司谈成建筑计划，即美国的贝克顿·迪金森（Becton Dickinson）有限公司[①]和德国的西门子有限公司，与澳大利亚政府分析实验室的谈判也在紧密进行中。麦考瑞大学与贝克顿·迪金森有限公司达成了环境微生物方面价值300万澳元的全科技基金合作，与西门子有限公司是在计算机和传媒方面达成了合作意向。

到1997年，麦考瑞研究有限公司的澳大利亚及海外研究咨询项目上缴了超过1400万澳元的利润，是1996年的两倍。公司管理着17个专利申请，其中8个是于1997年提出的。1998年，麦考瑞大学科研活动的一个核心目标是：通过创新型研究推动学术进步，同时加强与企业和其他研发机构的合作。创新型研究对包括教学和社区推广活动在内的整个学校运转非常重要，以至于戴经常说：

① Becton Dickinson，美国五百强企业之一，是世界上最大的生产和销售医疗设备、医疗系统和试剂的医疗技术公司。

“科研活动就是整个学校正常运转的黏合剂。”在21世纪，增强科研实力也是麦考瑞大学保持办学特色和竞争优势的核心因素，这也是麦考瑞大学研究生教育保持竞争力的关键。

1998年，贝克顿·迪金森有限公司和麦考瑞大学已经开始了关于水污染物监测装置的研发合作项目。澳大利亚许多水资源机构已经开始使用这种基于激光的监测技术，当年美国环境保护机构也对该项技术作出了良好评价。自从1994年开始，西门子有限公司已经开始为高中生提供西门子科技体验项目。1998年年末，第三家公司古德曼·菲德尔也加入与麦考瑞大学的合作队伍，这是一家欧亚食品联合企业。还有一些感兴趣的企业也陆续开始了与麦考瑞大学如火如荼的谈判。

麦考瑞大学的商业咨询机构麦考瑞研究公司这一年也相当成功，公司经营的一些项目获利1200万澳元。该研发公司还协助了一个利用激光连接血管的商业项目（与麦考瑞研究机构宏观研究基金会合作），发展了铜蒸汽激光技术。公司同时还拓展了与新南威尔士州水土资源部门的合作项目。

在麦考瑞科研公司的帮助下，Proteome Systems有限公司的创办极大地推进了麦考瑞研究项目商业化的进程。该公司的创办人凯斯·威廉姆斯教授是澳大利亚蛋白质组分析中心（Australian Proteome Analysis Facility, APAF）公司的负责人，该公司经过激烈竞争获得了联邦政府重大国家科研项目基金700万澳元。近年来，APAF继续保持着快速的发展势头，并不断从其他企业和研究机构获得收益。

生物学和化学的蛋白质组和蛋白结构项目从英国维康信托基

金会（Wellcome Trust）获得了90万澳元的资助。由于得到了学校和澳大利亚学术研究理事会的资助，麦考瑞大学化学系的资金变得很充足，购买了最先进的价值130万澳元的600赫兹核磁光谱仪。

麦考瑞大学的办学原则明确指出，办学必须要适合社会不断变化发展的需要，要保持学科融合的特色和优势，同时还要发挥该校学科设置灵活的特点。1998年，戴为了适应新兴产业和行业的需求，新增了一些学科和专业，这些专业受到了成绩优秀的学生的热捧，其中以工商管理专业最为抢手，该专业还要融合外语学习。

旅游产业是澳大利亚的支柱产业，是外汇的重要来源之一。随着旅游业的快速发展，高素质行业人才紧缺。戴审时度势，主导麦考瑞大学与国际旅游和酒店管理学院提出了战略性合作，共同开发了融合商业、接待和旅游产业为一体的新兴专业，这是一次很成功的探索。与此同时，与悉尼大学的合作项目——大学语言联盟获得了DEFYA的资助，项目规定，麦考瑞大学将为悉尼大学的学生提供俄语课程的教学，而悉尼大学将为麦考瑞大学的学生提供印度尼西亚语的授课。

1999年，麦考瑞大学研究与发展园区由联邦科技部部长皮特·麦克高兰议员亲自揭幕，戴倾心打造的麦考瑞大学研究发展园正式开园，自此，戴转化知识为生产力和技术创新有了可以依托的平台。麦考瑞大学自己的商业研究和咨询公司——麦考瑞研究有限公司，以及世界上最大的制药业研究中心科文斯（Covance）都入驻该园。世界一流的医疗技术公司贝克顿·迪金森有限公司成为麦考瑞大学研究发展园内首个与之签订合作协议的公司。麦考瑞大学和合伙人Baulderstone Hornibrook（澳大利亚著名建筑工程公司）

在园区的市场战略是，将园区承租给那些能够和学校合作的研究型高科技组织。为建设这个项目，戴竭力争取怀德市市长和地方议会对这个项目的支持。

研究发展园内最大的建筑群，是1999年12月建成的澳大利亚最大的食品公司古德曼·菲尔德（Goodman Fielder）的国内和全球总部大楼。该大楼建成后，道·康宁（Dow Corning）公司成为园区内第四家入驻企业。麦考瑞大学备受世界瞩目的研究发展园，没有依靠政府基金，完全是戴通过努力与Baulderstone Hornibrook的合作而建成的。

到2000年，麦考瑞大学的科研品质、能力以及与产业的结合，受到了国内外媒体的广泛关注，研究发展园也进入高速发展时期。当年，雷迪埃塔公司（Radiator）被思科公司（Cisco）收购。雷迪埃塔公司是由来自麦考瑞大学的两名电子学教授——大卫·斯凯伦和尼尔·韦斯特创办的。他们的无线计算机通信技术是和麦考瑞大学电子系以及思科公司共同开发的，而他们的研发部门就设在麦考瑞大学校园内。

思科收购雷迪埃塔公司是澳大利亚迄今为止最大的IT界的收购业务。与之巧合的是，雷迪埃塔公司搬进了麦考瑞大学研究发展园，与道·康宁公司在最新建造的大楼里共同办公，道·康宁公司是全球最大的硅产品制造商。该大楼于2000年8月末建成，是麦考瑞大学研究发展园的第四幢大楼，信息数据存储公司——易安信公司也位于这里。有数据表明，易安信公司是全世界第四大最有价值的数据存储公司，仅次于微软、思科和通用电气。

麦考瑞大学和这些进驻园区企业的合作有很强的科研联系，

例如医疗技术创新企业贝克顿·迪金森有限公司和麦考瑞大学生物科学系在微生物检测的合作，大多数合作伙伴都利用了麦考瑞大学管理学院的执行力开发课程。麦考瑞大学与企业协作的方式还表现在其他方面，譬如与艾本德公司进行的价值较高设备的展示和测试，以及与该公司商讨赞助麦考瑞大学夏季奖学金；利用易安信公司的数据库设备和专业知识设计麦考瑞大学的教学大纲等；学校聘请西门子公司的执行董事长出任麦考瑞大学科研公司董事会董事，而西门子公司继续赞助麦考瑞大学西门子暑期学校。到2000年年底，已有12家知名企业入驻麦考瑞研究发展园，而其他IT界、生物技术界的公司和企业也跃跃欲试，准备进驻园区。

2000年9月，澳大利亚联邦产业、科学和资源部与麦考瑞校科研有限公司（学校商业研究与咨询公司）签署合同，拨款400万澳元开设技术传播课程，以期在澳大利亚建立全国微电子技术传播网络（AMN）。该网络将为业界提供免费开发服务，这有助于澳大利亚的微电子设计开发和整个微电子产业的发展。麦考瑞大学的CADENCE微电子芯片设计软件开发项目的办公地点设在信息与通信科学学院，因此AMN设在麦考瑞科研公司是非常合适的。AMN给麦考瑞带来了近1100万澳元的收入，其中大部分被用于新科研人员和设备的引进，并且用于支付麦考瑞大学的一些科技发明,其商业化收益超过100万澳元。

2000年11月，麦考瑞大学结束了一个有关蛋白质组的大合作项目，大量相关产品正由麦考瑞大学的主要合作伙伴Biorad公司在全世界销售。2000年，学校与澳大利亚蛋白质组分析中心的150个合作项目所获收入已达85万澳元，并有望在一年内超过200万澳元。麦考瑞研究有限公司也成功完成了与Astrabvia有限公司的一个合作项目，即将血管连接激光技术商业化。该项技术是由激光研究和应用中心（Center for Lasers and Applications）和微软研发基金会(Microsearch Foundation)共同开创的。

在麦考瑞大学管理学院研究生院与慕尼黑再保险公司（Munich Reinsurance）的合作下，麦考瑞大学与慕尼黑再保险风险能力中心（MEC2）在麦考瑞大学管理学院挂牌成立，澳大利亚联邦金融服务和管理部部长Hon Joe Hockey为中心成立揭牌。该中心为业界领导和专家学者就风险能力和管理进行相关培训和研究提供了平台。

到21世纪初，戴一手策划打造的研究发展园，被澳大利亚其他大学视为成功的典范，各大学纷纷仿效。戴认为，研发园区的成功，主要依赖于麦考瑞和Baulderstone Hornibrook富有成果的战略合作，迄今为止尚没有政府的资金支持，是麦考瑞大学与合作伙伴优势互补、互利共赢的产物。尽管公共资金投入非常有限，但麦考瑞大学突出强调研发园在澳大利亚新兴产业中所扮演的重要角色。正如新南威尔士州总理访问麦考瑞大学演讲时指出的，麦考瑞大学研究发展园是理想的国家级高级诊断学和分析技术的生物科技中心，拥有极其出众的大学设施，例如澳大利亚蛋白质组分析设备，还有在一些领域，如激光技术、DNA检测和微生物检测领域的前沿研究。

麦考瑞大学研究发展园和其他合作伙伴及生物科技企业，都位于麦考瑞大学莱德校园周围的“科技三角带”，与麦考瑞大学“传播知识、促进学术”的宗旨相一致，麦考瑞“适时满足产业、贸易或社会任何部门的需要”。借助位于澳大利亚最大的高科技地区的位置优势，与业界达成战略合作，这是戴的工作重点，也是她撬起麦考瑞大学研究发展园的支点。

成功的财务预算管理

作为大学校长，不仅要在对外事务上纵横捭阖，还要筹集经费、全盘协调、精打细算。戴从任职麦考瑞大学校长开始，即注重财务预算管理，因为这是运营一所大学的关键。从 1988 年起，她持续坚定地实施“五年战略预算计划”。毫无疑问，戴将自己的管理学知识以及曾经担任政府部门负责人的经验嫁接到麦考瑞的管理上来，这是其他人不具备的优势之一。

1993 年，是戴任职麦考瑞大学之后第一个五年财务预算的收官之年。到这一年，麦考瑞大学的财务情况开始全面好转，五年财务计划圆满完成任务，这首先要归功于财务会计办公室工作人员的努力，财会办公室的工作人员以之前的预算计划为基础，思索着如何采取新策略来重整预算开销。戴在 1989 年拟定预算计划时，就已确定了关键财务管理目标。如果希望达到一个健康的预算状况，必须要有所改变，这样，大学才能够平衡收支、开发自创产业、更合理地配给基金，并给予图书馆更强有力的支持，维持其他学术任务在各自领域的实力。

在制定五年财务计划时，作为预算改革的组成部分，戴计划要达成六个主要的预算目标。到 1993 年，这些目标均如期达成。这些财务目标包括持续推动研究、防止大学硬件设备的老化、保护图书馆的财政预算、通过科学统计的方法保证员工开销均衡、使用相应的花销来支持教育发展计划并且追求资源附加收入。

实施第一个五年财务计划时，戴将之与17个内在紧密联系的计划融为一体，计划彻底改变麦考瑞大学资金短缺的历史，同时大学内部资源的分配也要得到改善。采用的方法可以分为三类，获利是总体目标。换言之，就是将追求收入的附加资源，将员工开销包括在循环收入内及进行资源再配给，来满足需求并修复已存在的不平衡。

正如在1993年12月戴提交给学校董事会的报告和大学财务计划中的后续详细报告一样，五年计划的执行是非常成功的，1990年就完成了总体目标，帮助麦考瑞大学和一些机构建立了相当可观的财政储备，并且在某种程度上将收入用于重大财务开销特别是设备的开销上。同时在会议上，董事会同意1994年的财务计划维持收支平衡即可。在20世纪90年代，麦考瑞大学是所有澳大利亚公立大学中对政府资金依靠最少的一所大学，在1995年所得收入中有50%来自社会而非政府。

在戴的统筹协调、精心组织下，麦考瑞大学又一次在它的第二个五年（1994—1998年）活动预算计划中成功地完成了它的目标。如预计那样，麦考瑞大学以小数额的经营预算盈余结束了1995年的财务工作。像其他几年一样，1995年的财政预算把关注点都放在了促进研究、改进大学内部结构、保护图书馆的购置预算、支持包括科技辅助教学和其他创新在内的教育策略上，以期补充和发展学校的科技基础，并全面提高教学质量。

1995年，从付费的国际学生中收取的费用收入超过了700万澳元，其中有100万澳元被分配给学生服务、63.5万澳元被分配给了资金项目，240万澳元则发给学校和办公室的定期预算，作为他们年度经营预算的一部分，此外还有180万澳元直接发给学校作为他们的年度工作分配。

经过三个五年财务预算管理规划后，到2000年，麦考瑞大学的财务管理规划已经得到了显著回报，获得了巨大成功。在戴看来，麦考瑞大学从一开始就应该走产学研结合的道路，应该成为澳大利亚的科技园，要用校园文化影响社区。学校图书馆对社区开放，知识传播应面向社会；大学应该学会赢得更多的资金以支持科研和教学；依托麦考瑞大学的智力与创新资源，麦考瑞大学应该成为澳大利亚技术创新中心。

在戴的推动下，麦考瑞大学成立了自己的研究发展园和商业公司，将政、产、学、研有机结合，以尽量减少对政府经费的严重依赖，成功地走出了一条令人羡慕的道路。当然，资金虽然依靠商业化的运作获得，但主要用于支持学校教学和科研。在创收、存款管理、资源再分配上，戴始终坚持根据学术任务的重要性、优先性来进行资源分配的原则。

令其他高校惊羡的是，戴领导麦考瑞大学保持良好的财政状况，是在政府资助金不足的情况下完成的。政府资助不足的情况从20世纪80年代早中期就已经开始，并自1989年的"相对资助模式"以来一直保持不变。1989年，"相对资助模式"分析认定，按照当前的学生规模，麦考瑞大学与其他大学相比资金严重不足。这种情况自1989年以来持续至今，而那些耗钱但却能提高澳大利亚国际竞争力的高科技专业的强势增长往往使得大学的财政状况更加恶化。

更具讽刺意味的是，麦考瑞大学出众的科研实力有时也使学校资金更加捉襟见肘，因为麦考瑞大学赢得的每个优秀全国研究中心、每项大的科研设施经费都需要大量直接的实物投资。2000年，令人欣慰的是，在2001年教育状况讨论会上，麦考瑞大学得知联邦政府至少会考虑解决学校与其他大学相比所获政府资助较低的问题。

幸运的是，澳大利亚政府实施“相对资助模式”以来的十年间，戴带领麦考瑞大学积极采取应对策略，并在创收方面获得了相当大的成功。如果把所有的收入来源都考虑进去（包括麦考瑞大学的常规固定收入和学校下属全资公司的收益），同时，如果将来自“高等教育供款计划”的那部分政府资金算在学生头上的话，那么麦考瑞大学2000年只有35%的资金是靠政府资助的，而1999年为39.1%。

如果只考虑学校本身的收入，而不考虑麦考瑞大学下属公司的收入，包括麦考瑞科研有限公司、应用金融中心的下属公司，以及管理学院有限公司，那么2000年麦考瑞大学获得政府资助的比例为40.6%（1999年为42.4%）。麦考瑞大学能获得如此成就，归功于其全国领先的研究生教育、留学生数量的增长以及与业界的合作。

算上各种资金来源，如研究项目经费、捐款等，麦考瑞大学2000年实现财政账户余额2533万澳元。之所以会有余额，戴清醒地认识到有以下几个原因：学费收入的增加、额外的投资收入（主要来自出售麦考瑞大学新闻有限公司的股份）、校内旅游宾馆的土地交易收入。此外，员工自动离职的赔付算作1999年的财政支出（虽然是在2000年支出的）。然而，值得注意的是，2000年的财政账户余额中还包括了2001年要用到的一些费用，如购买和安装新的教学信息管理系统的费用（大约3000万澳元）、几个大合同产生的费用、一些预留捐款、补助金和奖学金等。

因此，在戴看来，这2533万澳元的结余并非“实际结余”，职工工资占了学校营运开支的一大块，学校依然面临着较大的财政压力。在政府资助不断减少以及政府拒绝发放运营补贴来提高教职员工工资的情况下，任何合理的薪酬方案都超过了学校的支付能力，即便像麦考瑞大学这样商业运作如此成功的大学也是如此。

进入21世纪以后，麦考瑞大学在产业界关于创新、研究质量和能力的声誉一直很高，因为国内外在持续关注麦考瑞大学，开办的公司——雷迪埃塔出售给思科系统一事。这是澳大利亚有史以来最大的私人IT交易，这家无线电通信技术公司目前在麦考瑞大学研究发展园的道·康宁大楼内办公。

2001年下半年，IT数据储存组织EMC2，作为新伙伴加入了研究发展园，入住道·康宁大楼的顶楼。另外一家专业IT公司Mainstar软件公司，也同意入驻研究发展园的贝克顿·迪金森大楼。Mainstar为主框架和多平台电脑系统提供了完整存储和恢复的方案，业务遍布美国、欧洲和环太平洋地区。

戴认为，麦考瑞大学最成功的财政增收计划之一就是建设研究发展园。负责学校行政事务的副校长、荣誉退休教授卡里克·马丁利用个人时间，促成了一系列成功的冒险性合作。这一系列高级别的冒险最终给学校贡献了一个受全国性高度关注的研究发展园。园区享有研究型大学的设施，坐落于树木茂盛的澳大利亚“硅谷”

中部地带。此外，园区还拥有无可比拟的便捷公共交通。

科研成果商业化的优秀推手

回顾戴在麦考瑞大学的工作近 20 年时间，不得不佩服戴精明的商业头脑和超强的商业运作能力，她能将麦考瑞大学最大优势发挥到极致，并将其成果转化为商业价值和办学经费。

麦考瑞大学具有得天独厚的条件，但如何利用他人的资金、他人的资源来为学校发展服务？这无疑需要过人的胆识和魄力。戴认为，别人有资金，而麦考瑞大学有土地，可以拿别人的资金来做互利双赢的事情。于是，她与医学学校合作共建医院、与商人合作共建购物中心……

在任职麦考瑞大学校长期间，除了出众的研究成果外，戴带领麦考瑞大学取得的另一显著成绩就是实现研究成果的商业化，这也是她制定学校外展服务计划中设立的首要目标。2002 年，作为悉尼莱德地区"科技三角"组成部分的研究发展园不断取得成功。这个研究发展园未接受任何政府拨款，是由麦考瑞大学与 Baulderstone Hornibrook 公司合作建立的。转让主要的技术成果是麦考瑞大学与企业合作成功的关键。

戴在知识产品商业化方面做得非常成功。麦考瑞大学与思科公司合作创立的 Radiata 公司曾被收购，因而受到媒体的关注。目前，它仍属于麦考瑞大学研究发展园的一部分。到 2002 年 4 月，麦考瑞大学的研究成果商业化，促进了三家公司的成立，其产权由麦考瑞科研有限公司代表学校持有。2002 年 11 月，在麦考瑞大学荧光研究组的研究成果基础上，麦考瑞大学成立了荧光技术公司，生产基本的生物技术分析工具。

为推进科研成果的商业化，戴在麦考瑞大学成立了商业业务发展组，任命莱恩·罗斯维尔博士为组长，为麦考瑞大学知识产品商业化提供高水平服务，包括业务计划专门知识，加强和促进大学研究者（教师）与企业间的合作。此外，戴还制订了与州政府关于商业活动的新规定一致的指导方案。

戴为信息和通信科学系创立的“创新扶助中心”每年拨款15万澳元，为期五年，用于成果转化。2002年8月，麦考瑞大学互联网创新中心（CMIIC）成立，成为“创新扶助中心”的一个组成部分。CMIIC是企业从麦考瑞大学获得资源的便捷通道，其首要的功能是为在线学习和信息服务合作计划（COLIS）提供测试设备。COLIS计划的目标是寻求使大学联合体（麦考瑞大学是成员之一）成员间能够更好地进行信息交流和共享。

麦考瑞大学是科学探索的主要合伙人和股东。另外一个合伙人是麦考瑞科研有限公司。麦考瑞科研有限公司负责学校的研究咨询、培训和研究商业化工作。2002年，该公司收入达1262.4029万澳元。

2002年12月底，戴的得力助手、分管科研的副校长、麦考瑞科研有限公司常务董事、名誉教授皮特·伯格奎斯特从第一副校长的职位上退休。自1994年就职以来，他取得了突出的成就。他曾与澳大利亚和美国的许多生物科技公司合作过。他是两家刚刚起步的生物科技公司的科学理事会成员，两家公司有一家在美国。

戴实施的科研战略和商业化战略，到2003年时已经硕果累累。

目前,麦考瑞大学已经有12个杰出国家中心和重点国家研究机构。截止到这一年,因为麦考瑞大学杰出的研究工作以及与澳大利亚业界的优秀合作,它在各种独立的专家评审和系列国际质量评估中得到好评,很多中心已经成功地将技术革新商业化,它们是:

激光及应用特殊研究中心(1988);全国英语语言教学与研究中心(1988、1999);国家项目:艾滋病病毒—艾滋病社会研究中心(1989);气候影响中心(1990);澳大利亚矿物质勘探技术协作研究中心(1992);有袋类动物保护与管理协作研究中心(1994);生活多样性与生物资源重点中心(1995);地缘化学进化和大洲金属产地重点中心(1995);澳大利亚蛋白质组分析中心——国家重点研究机构(1996);澳大利亚移民英语项目研究中心(1999);认知科学和认知神经心理学特别研究中心(1999);蛋白质组学国家重点研究中心(2001)。

科研成果的迅速商业化,是麦考瑞大学有鲜明特色的一个重要因素。这既是社区拓展计划的一个主要目标,也与麦考瑞大学在澳大利亚"硅谷"(自北莱德至北悉尼)发展的作用一致。正如澳大利亚大学质量保证署所评论的:"麦考瑞大学在通过与CSIRO和业界的合作中以及几个派生公司的建立中取得了相当大的成功。"

2003年年初,戴任命罗斯维尔为麦考瑞大学重要咨询公司——麦考瑞科研有限公司的管理主任。2003年,公司产生了1363万澳元的收益,超过2002年的1278万澳元。公司运营着大约240个项目,最大的包括澳大利亚微电子网络(183万澳元),危机前沿(Risk Frontiers,115万澳元),多模态教学环境下的英语读写(Multilit,102万澳元),以及澳大利亚蛋白质组分析中心(103万澳元)。

2003年年中的时候，罗斯维尔对公司运营进行了评估，对其作用、经营和机构、财政管理、客户服务等进行了重大改革。他还改善了商业化程序，据此，他向商业部办公室领导下的大学提供了商业化和知识产权服务。

经过数年的快速发展，麦考瑞大学研究发展园已成为悉尼莱德地区“技术三角”的重要一角。园区由麦考瑞大学与Baulderstone Hornibrook合作共建，但并没有政府的投入。园区的大部分租赁者是高科技公司,已成为麦考瑞大学与工业界联系的重要平台之一。澳大利亚北电网络是世界主要通讯公司之一，2003年与园区签订合同，将其最新的大楼选址在距离即将完工的火车站附近。北电网络的新总部入驻研发园区，是麦考瑞大学研究发展园的第五项重大发展项目。截至2003年,麦考瑞大学研究发展园的主要租赁人包括:

贝克顿·迪金森：医疗器械与诊断体系的世界领军者；

思科（前身是雷迪埃塔）：无线局域网技术；

科文斯：全球研究与药品开发公司；

道·康宁：生产几乎所有工业都要用的硅和特种矿物质；

易安信：数据库技术的世界领军者；

艾本德：生命科学公司，专注于研发和销售实验室的液体处理、样品处理和细胞处理的仪器、耗材和服务；

Burns Philip（以前的古德曼·菲尔德）：最大的澳大利亚食品公司；

西门子：电力和ICT领域的全球创新者。

戴力推麦考瑞大学与工业界的有力合作，她在澳大利亚的“生产性伙伴关系”调查中被高度赞扬，并在2003年的获奖中得到如下肯定：园区承租人与麦考瑞大学在很广泛的范围内进行科研合作（这些研究通常给研究生提供了大量的参与机会），包括病原体时间分辨荧光探测新技术、无线网络新天线设计、自主学习专家系统在记忆子系统中的应用。

对麦考瑞大学创新合作的方法以及研发园区内所取得的进展，澳大利亚大学质量保证机构给予了高度肯定。该机构认为这种合作让麦考瑞大学的"获益遍布各个领域，如，麦考瑞大学管理学院签约给承租公司提供发展项目，承租公司使得科学设备可以为大学所用，并给研究生提供奖学金和工作"。另外，西门子为麦考瑞大学给中学生举办的西门子科技学校提供赞助。

尽管麦考瑞大学的知识与技术创新成果有效地实现了商业化转换，并推动了研发园区高速发展，但戴并没有就此止步。她一直在为麦考瑞寻找不同的创收途径，如与外界合作或推动知识产权商业化。2005 年，根据所从事工作的内容，麦考瑞大学特殊教育中心与信息和传播科学部分别成立新的子公司 MULTILIT（Making Up Lost Time in Literacy）和 BluGlass 控股有限公司。

得益于戴对麦考瑞大学的成功运营，在她离任前，尽管办学成本远比政府拨款增加得快，但麦考瑞大学 2005 年对联邦拨款的依赖程度已降到 28.23%。2005 年，麦考瑞大学有总资产 11 亿澳元，收入约为 3.8 亿澳元。戴说："如果说人是麦考瑞大学最重要的资产，那么宽敞的校园则是麦考瑞大学的第二大资产。我的成功就在于把这两大资产有效整合并实现效益最大化。"

经营大学的“三大法宝”

2011年11月4日，戴参加第五届世界大学女校长论坛，并被邀请做主题发言。利用这个机会，她具体系统地阐述了她用企业家精神运作麦考瑞大学的具体思路与做法。

在20世纪90年代，澳大利亚政府不断削减补助，导致大学办学经费紧张。当然，这不仅仅是澳大利亚高等教育所遭遇的经历，世界各国的大学校长都经历过依赖政府资金补助的困难：给的钱太少，拨付得太迟，有太多的不确定性和变化，有太多的条件和限制。

戴过去的任职经验，包括戴在澳大利亚联邦高等教育委员会大学理事会的经历，促使她意识到这一点，甚至在戴成为一名大学校长之前，她就倾向于采用各种措施实现学校收入来源的多元化：新的学生入学和毕业模式；国际化的运作；致力于广泛的产业、商业和社区服务（这点是根据麦考瑞大学宪章的规定执行的）；更多更灵活的企业部门，包括更多私人部门的发展；寻找战略上的

戴在第五届世界大学女校长论坛上介绍她经营大学的经验（龙小农摄）

合作伙伴。

有必要指出的是，在戴的任期内，麦考瑞大学的企业化运作非常成功，财政收入迅速增加。但她认为，赚钱并不是最终的目的，相反，这是确保麦考瑞大学追求高质量的教学、前沿的科学研究的必要手段。在戴看来，为学术服务的理想化的企业型大学，运作的模式应该是这样的。

这就要求大学倡导企业文化、提升企业能力和运作水平。具体来说，就是要实现经费来自学费收入，并完成知识服务和知识产品在国内外的商业化转化；实现知识产权的创新、保护管理和商业化，包括许可研究和教学知识产权；为知识经济培养学生的基本知识和基本技能；综合利用学校各种资产，包括独特的地理位置和满足市场需求。

当戴接任麦考瑞大学校长时，这所大学在它的第一任校长也是创建这所大学的主要规划者的领导下，经历过辉煌的发展和创新性的创业阶段。麦考瑞大学是澳大利亚历史上第一所从创办伊始即用章程明确规定把服务社会/社区作为支撑学校发展的三个学术使命之一的学校。这三个学术使命即教学、科研和致力于产业、商业和社区其他部门的服务。

为了克服财务困难，戴倾向于赞同综合利用大学的优势和资产，包括利用其宽阔、多树的校园，通过寻找合作伙伴和利用别人的资金资源，支撑高质量的教学、前沿的学术研究和改善办学设施。戴倾向于用企业化的运作方式和战略联盟来实现这些构想。她的这些办学主张主要体现在她撰写的《麦考瑞大学的独特优势、比较优势和进一步发展的十个关键因素》一文中。

戴认为，大学校长的第一任务是筹集资金。经过她近20年的努力，到2005年，麦考瑞大学的办学经费中只有28%是由政府提供的。麦考瑞大学的做法主要是与工商业界密切合作，例如与西门子、戴尔等世界著名公司都有合作，麦考瑞大学附近被称为澳大利亚的硅谷，生物医药、电子等高科技企业都落户这里。麦考瑞利用学校的学术资源为企业的产品开发服务，同时，企业不仅在经费上支持学校，对学校的教学也有帮助，能给学生更多的研究、实践机会。当然，当戴刚开始与工商业界合作时，也有些人质疑，该不该这样做？现在，大家的认识统一了。麦考瑞大学的定位是综合性的研究型大学，所以社会、政府鼓励学校有所创新、与众不同。

当然，作为大学校长，处理好与政府有关部门的关系也是很重要的。作为澳大利亚大学校长联合会的主席，戴经常在报纸等媒体上发表文章，谈论政府的教育经费有多少没有用于学校。政府许多法规是必要的，但是，现在的法规太多了，有时让学校无所适从。澳大利亚高等教育现在有一个焦点，就是国家教育部提议所有大学都由中央政府管理，而不是现行的部分由中央政府管理、部分由地方政府管理，大家就此问题展开争论。

第七章　教育公平、男女平权的倡导者

从本质上来说，给女性支付每一次薪酬，都是对一代人的人力资本的投资。女性的经济收入，是社会发展的强有力的促进因素。因为女性更倾向于将她们的收入投向家庭成员的健康、教育和幸福。

——戴·叶布瑞

作为在男权社会中成长起来的女性，戴深深体会到性别歧视和社会偏见对女性成长发展的影响，即便自己身为大学校长，也难免受其干扰，只能做“金鱼缸里的金鱼”。她认为，大学作为弘扬真理、传播知识、塑造人格的神圣殿堂，有责任去消除性别歧视，实现性别和谐。戴在麦考瑞大学任校长期间，将这一点视为她义不容辞的天职，坚定地做一名男女平权、教育公平的倡导者和维护者。也许以她的个人之力，无法改变社会；但在麦考瑞看来，以她的个人之力，至少可以创造一方男女平权、教育公平的天空。

独特的人格魅力

麦考瑞大学尽管创办时间较短，到 2014 年才建校 50 周年，但它的校友不仅广泛分布在澳大利亚的各行各业，而且遍布全球各大洲，广大校友是麦考瑞大学的重要资源。戴很珍惜麦考瑞大学这一经年累月积攒起来的资源，重视与国办外校友建立良好的关系，并从中获益良多。戴认为，校友是麦考瑞大学这个大家庭非常重要的组成部分。

戴在麦考瑞大学时与许多海外校友保持密切的联系。她经常自豪地告诉麦考瑞大学的校友，我们的家庭成员就是我们的学生

戴以土著艺术为背景的个人照（麦考瑞大学校友会供图）

和毕业生。有一个毕业生曾经问戴，他的孩子应学什么专业。戴问他，你的孩子对什么感兴趣。他回答说："我现在也不知道，他仅仅才 3 个月大。"

在戴 2005 年即将离职的时候，麦考瑞大学校友会杂志《天狼星》发行了纪念专刊《光辉的足迹》，以记录戴在麦考瑞大学服务近 20 年所取得的成就。校友会常务主席帕米拉·肯尼说："在这里我代表麦考瑞大学全体校友，真诚地谢谢你，戴安娜，愿你退休后生活幸福、荣耀。"

戴退休后麦考瑞大学校友会刊物《天狼星》发行的纪念专刊封面（麦考瑞大学校友会供图）

校友会杂志是麦考瑞大学联系国内外校友的精神家园和纽带，戴一直是麦考瑞大学校友会的热心支持者。戴只要有空就参加校友会常务委员会、出席海内外的校友会活动，并且定期资助校友会杂志《天狼星》的出版发行。戴对校友与他们母校的关系表现出一种自始至终的热情。

麦考瑞大学校友会办公室主任马克·赫恩顿说："我自 1993 年以来有幸成为戴·叶布瑞的朋友和同事。在加入麦考瑞大学之前，我曾与她在以学生为基础的'金钥匙国际荣誉协会'下的国际发展委员会共事过。她第一个将'金钥匙'引进澳大利亚，并且跨越洲际对不同国家的文化差异性表示赞同。戴·叶布瑞的领导才能将给麦考瑞大学、'金钥匙'以及许多其他组织，留下了持久深刻的影响。对一位取得如此杰出成就的人来说，戴·叶布瑞对人非常具有爱心、并且友好、忠诚。我深信，戴·叶布瑞这颗'星星'将与她追求的新挑战一样闪烁着光芒。"

戴以为，对他人成功的肯定，是对人最高的赞美。作为校长，戴总会对同事和学生的成功表示热烈的祝贺。戴喜欢庆祝别人的成功，但她更钦佩取得成功的方式——她把它叫作"体面的成功"。用她学生的话来说，就是戴最钦佩的是凭借自己的努力而取得的成功。她喜欢澳大利亚人经常用的一个词"让公正直面而来"。每当有学生取得成功的时候，戴总是热情地向学生表示诚挚的祝贺。

1989 年，麦考瑞大学一项在埃及考古方面的卓著的发现，吸引了全球众多目光。副教授纳归·卡纳瓦提在这一年 3 月份的一次公众讲座上，向听众们揭示了一个惊人的发现——他和他的考古队在埃及某地发现了一座 4000 年前的完整墓穴，里面暗藏了几个棺木——这是自 1960 年以来发现的第一个古埃及墓穴。戴听闻这个消息后，不仅表达了对麦考瑞考大学古学家们在埃及辛勤工作的敬意，还特意支持他们就此次考古发现，出版发行了一本设计精美、图文并茂的图书——《山之语》。

1990 年，麦考瑞大学学生辩论队参加世界大学生辩论赛，获得冠军，戴不仅将之写入年度工作报告，还特意为参赛学生举办庆功会，她与学生一起开怀畅饮，庆祝他们的成功。

从戴每年提交给学校董事会的年度工作报告中，你能感觉到，她始终将那些对麦考瑞大学作出贡献的董事会成员和高级职员放在心中，并对他们的成功表示祝贺、对他们的离职和去世表示惋惜。

戴为获得辩论赛冠军的学生举杯庆祝（麦考瑞大学校友会供图）

将同事的成就铭记在心里、祝贺并分享员工的欢笑与泪水，这正是戴独具的人格魅力。

戴的同事说："麦考瑞大学能有今天的成就，几乎全是她的功劳。学校几乎是她一手建立起来的。她在工作中需要协调管理一个很大的团队，但是她却能够细致地关心团队中的每一个人，这让我们感到很温暖。她还主动地去同来自世界各地的国际学生接触，了解他们生活、学习中遇到的困难，帮助他们解决这些问题，使他们在异国他乡也能感受到被关怀的温暖。这些都是戴·叶布瑞校长作为一个女人所独有的特点。我今天还能够继续留在这里工作，很大一部分原因就是她的人格魅力始终感动着我，吸引着我留在麦考瑞大学，为麦考瑞大学更好的发展尽我自己的一份力量。"

在澳大利亚高等教育界，戴很有名气。她的事业是那么杰出，让许多同行都望尘莫及，但是戴本人却是极其平易近人，甚至经常会给同事讲一些故事，来启发大家的思考。戴一直坚持用一种非常平等、自由、开放的方法来管理学校，让同事时刻工作在一种快乐的气氛当中，这在澳大利亚众多的大学校长中恐怕是独一无二的了。在平常的生活交往中，戴是一个宽容大度的人，她经常能够使人感到一种被关怀的温暖。不过，在工作上，她又是一个非常强势的领导，非常有魄力。最与众不同的是，戴是个有魅力的生意人，举止优雅、谈吐得体，还十分懂得赚钱，为学校争取到许多发展资金。

澳大利亚另一位大学女校长是这样评价戴的：

"她是我们整个澳大利亚教育界的先锋。这是其他女性校长无法比肩的。她走在了我们的前面，她的一些想法、举动，都成为我们后来者效仿的榜样。作为整个澳大利亚第一位担任校长的女性，她是非常了不起的，我们很难用一两个词来形容她所取得的成绩。这么说吧，她的的确确给了我们这些后来的同行们很大的影响。你们都亲眼看到了今天的麦考瑞大学是怎么样的一个规模，这些都是她辛勤耕耘的成果。非常值得一提的是，她是一个很特别的女人，这一点很重要，她有非常不同于男性校长的性格特征。不管是在学术方面，还是在管理方法、教育手段方面，她都有自己独到的见解，这些与众不同的特点给麦考瑞大学带来了很多新鲜的气息。”

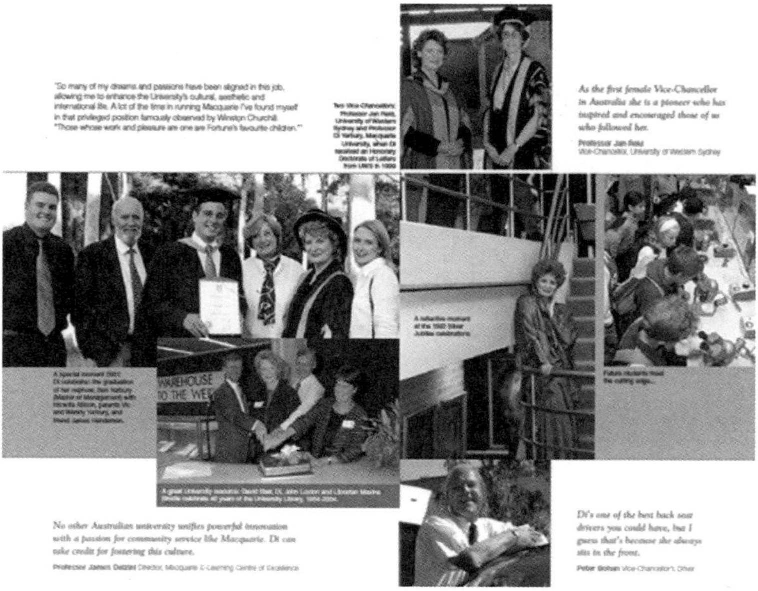

麦考瑞大学校友会刊物《天狼星》发行的纪念刊内页（麦考瑞大学校友会供图）

促进教育和就业公平

2011 年 11 月 4 日，戴在出席在中国厦门召开的第五届“世界大学女校长论坛”时发表主题演讲，她说：“从本质上来说，给女性支付每一次薪酬，都是对一代人的人力资本的投资。女性的经济收入，是社会发展的强有力的促进因素。因为女性更倾向于将她们的收入投向家庭成员的健康、教育和幸福。”

抱着这样的理念，戴热心促进教育公平和就业公平，支持澳大利亚土著居民就业和残疾学生学习与就业。戴在任麦考瑞大学校长期间，麦考瑞大学成功地解决了在一些男性占主导地位的学科专业性别平衡的问题。她鼓励更多的女生抛弃传统的学科偏见，选择工科、理科作为自己的专业和职业。

教育公平是一切公平的起点，戴尤其注重入学机会平等和教育公平。戴在麦考瑞大学设有入学机会与公平计划协调专员，由副校长艾伦·林赛教授兼任。如麦考瑞大学在 1990 年不仅特别注重增强公众对学校入学机会与公平政策的认识，而且也注重加大招收贫困学生的力度。作为工作的一个重点，戴每年推出“灯塔计划信息汇总”（Lighthouse Scheme Information Kit），取点燃希望的灯塔之意。

在戴的努力下，麦考瑞大学最终落实了“1991–1993 公平计划”，该计划包含了由联邦政府公平基金资助的特招贫困生的“进入麦考瑞”项目。1990 年，麦考瑞大学为此吸纳了相当数额的资金，其中包括用于招收土著学生的资金和设立特殊需要顾问官的资金。

戴也积极呼吁政府加大对贫困学生的支持力度，建立教育公平基本底线。1990 年年底，她很高兴地获悉政府下拨的用于 1991 年该项目支出的资金，将会大大巩固并扩大这一维护贫困生利益项目的影响力。

为给澳大利亚土著居民的孩子提供平等的学习机会，戴支持麦考瑞大学幼儿教育研究所在新南威尔士州的沃尔格特继续从事非常有成效的校外教学，这让住在新南威尔士州西北部农村地区的土著学生，在入学前就能在当地全日制学校完成学前教育环节。这一项目得到了澳大利亚就业、教育与培训部的支持。麦考瑞大学土著居民教育咨询委员会举办论坛，讨论土著居民入学接受教育的各种愿景，就学校的政策提出意见，并确保做好与土著居民群体的咨询工作。1991 年，在接受教育与机会公平方面，麦考瑞大学获得政府的政策支持和专项拨款。

在戴任麦考瑞大学校长的头三年，机会和公平成为麦考瑞大学战略规划的重中之重。专管教学的副校长带领专业教职员工和咨询委员会的工作人员，研发出了一套更系统的方法。1991 年，麦考瑞大学的教育公平计划和原住民教育战略计划取得了显著进展，提高公众对学校这一政策的关注度，吸引并留住弱势群体学生。这些进步主要体现在：学术委员会批准了面向澳大利亚土著居民和托雷斯海峡岛民所设置的社区管理文凭；为 1992 年成年学生无门槛入学的新项目作好各种准备；同悉尼其他三个大学的联合项目获得了就业、教育与培训部的资助，该项目致力于改善为残障学生所提供的服务，并决定从 1992 年起，任命一位残障服务协调员。

戴在与学生的深入接触中发现，女学生相对男学生来说，更少的人学习理工科专业，这影响到她们的就业和发展，而且这种学科偏向在中学时就开始形成。为改变这种趋势，戴要求麦考瑞大学的数学、物理、计算机和电子专业，连续两年开办广受中学生欢迎的三天寄宿制学校。为高中十年级的女生所开设的女性与物理课程，有利于麦考瑞大学连续多年成功地吸引女性进入科技和其他非传统领域。除了教育和培训基金会所提供的资金，新南威尔士州物理研究所等机构也提供了大力支持。物理学博士黛博拉·凯恩博士巧妙地进行了协调和安排。调查表明：亲身体验能极大增强参与者对物理的兴趣，同时，多数参与者会继续报名参加相当于 HSC① 水平的课程学习。

1990 年 7 月，麦考瑞大学数学、物理、计算机与电子科学学院成功举办了针对十一二岁初中女生为期三天的寄宿学校“青年女性与物理学”的活动，目的是吸引更多女生日后选择那些目前女生生源不足的学科。有关该活动的录像带只需付一点费用就可以在麦考瑞大学购买到。1991 年 12 月，麦考瑞大学向平权机构提交了该项目介绍，以及如何在技术学位方面吸引并留住女生的策略报告。麦考瑞大学的机会和平等策略于 1991 年获得了就业、教育与培训部的赞扬，同时，1992 年对学校提供的基金配比也有所增加。

1992 年，戴开展了各种用来维持和提高麦考瑞大学实行机会平等和公平计划的活动。其中一个重要的教育举措是，麦考瑞大学新开设社区管理专业并可颁发毕业文凭，这是一个为期两年的与川彼原住民学院合作的项目，迎合了担当各种组织和社区角色的土著托雷斯海峡岛的居民的培训和职业发展的需要。有了原住民社区代表的持续参

① 即 The Higher School Certificate 的缩写，是澳大利亚新南威尔士州中等教育的最高文凭。

戴代表麦考瑞大学领取“最佳实践奖”（麦考瑞大学校友会供图）

与，第一学年证明，不管是从学生还是从项目的角度来说都是成功的。随后，这一项目进行了扩展，以满足第二年的教学计划。

支持残疾学生学习和就业，是戴倡导教育公平、平等就业的重要部分。为帮助身患残疾的学生学习，戴制订了两项计划，一项是任命了残疾人服务协调专员，另一项是出版了《残疾学生合理膳宿策略指南》，来有效地帮助残疾大学生。这个出版物在每个学年初推出，共有 10 本小册子，收录在一个叫作“有效学习技巧新系列”当中，旨在协助残疾学生学习。

因为努力并有效地鼓励了青年女生学习理工科，麦考瑞大学获得了1992 年《商务评论周刊》授予的高等教育类别中的“积极行动机构奖”（Affirmative Action Agency prize）。该奖项承认了麦考瑞大学女生攻读工学士学位的比例相当之高（35% 的入学率，女生攻读工程学的全国比例为 11%）；肯定了“青年女性与物理学”寄宿培训项目的成功，它由物理科学院院士黛博拉·凯恩博士发起，现成为一年一度的活动。

观察1994年麦考瑞大学及其职能部门的所有活动，不难发现戴一直在积极努力保证学校入学和教育的公正性。戴参与制订的五个项目分别是：为通过灯塔计划（Lighthouse Scheme）入学的贫困生服务的MACCESS支持项目；为残障学生服务的残疾人服务项目；写作技能项目；识数计算学习中心项目；瓦拉瓦拉海峡岛民项目（该项目支持土著学生通过学校主流课程入学后，根据他们的需要特别定制学习课程）。通过其中的一个计划，首批学生已经修完课程并于1995年毕业获得社区管理学位。

在1994年，麦考瑞大学经过广泛咨询，在"为残障学生提供设施建议委员会"和"残疾人服务项目"管理者的帮助下，戴启动了一个具有深远意义的项目的准备工作，该项目名为"残障学生实践解码"（Code of Practice for Students with Disabilities）。1994年，共有3574名学生获得了麦考瑞大学的学位，其中53%为女性。

1995年，麦考瑞继续秉持公平公正的原则，建立一些特殊的入学申请项目，使得800名新生可以有机会到麦考瑞大学学习，入校的学生都有机会参加专门设立的公平计划中的项目。在这一年，戴特意为借助此项目进入麦考瑞大学学习并毕业的首届八名学生举行了庆祝会。这八名取得社区管理文凭的专科医生是土著居民和托雷斯海峡岛民，他们成功地获得了麦考瑞大学和其他大学本科生、研究生的学位和文凭。

随着教育公平计划的持续推进，进入到21世纪，麦考瑞在教育公平方面取得了巨大成绩。2000 年，戴在年度工作报告中指出：如此优异的成绩也依赖于平等的就业机会。麦考瑞大学 60% 的院系领导由女性担任。同时，澳大利亚政府的拨款有力推动了与瓦拉瓦拉和麦考瑞研究有限公司合作的“原住民就业计划”，并进而促进了原住民学生就业战略的制订。戴希望麦考瑞大学各个部门以及科技园的一些企业能够为学生提供良好的就业机会，必要时，为原住民提供进一步的培训。

2001 年，在戴主持下，麦考瑞大学一直秉承改善女性教职员工的工作条件和发展机会的战略并取得了极佳的效果，也因此好几年被授予“最佳实践奖”。澳联邦政府劳动署“机会均等”办公室认为麦考瑞大学在改善女性教职员工工作机会方面采取的务实做法达到了法律的要求，因此准予麦考瑞大学三年免于上报女性员工工作和发展的报告，而全国只有三所大学享有这样的待遇。

澳大利亚教育就业和劳资关系部给麦考瑞大学原住民就业战略拨款 25 万澳元，达到了该项拨款的上限。这笔拨款涵盖了原住民员工的培训和人事任命两方面内容，而第一项任命就是对麦考瑞大学经济和金融研究院的信息技术服务部门人员的任命。到 2003 年，麦考瑞大学连续两年在实现平等就业方面表现突出。职场女性机会平等机构（EOWA）评选麦考瑞大学为 100 家最理想雇主之一。麦考瑞大学一直被该机构当作是模范雇主。同年，经戴积极争取，麦考瑞大学的女教职员工带薪产假延长为 14 周。

2005 年是戴任校长的最后一年，戴首创了很多机制，以帮助当地土著居民解决就业问题，并支持残疾学生就业。一项土著居民培训计划已经通过批准，于 2006 年开始实施。每年六名土著居民将有机会获得12个月的工作机会，接受TAFE（全称：Technical And Further Education，即职业技术教育）培训，以获得工商管理、信息技术和实验室操作等执业资格证书。当每个项目结束时，合格的学员将有资格在麦考瑞大学或其他地方就业。

戴在麦考瑞大学推出M-CAS（麦考瑞大学定制无障碍服务），根据残疾学生的不同需要和喜好定制学习材料。M-CAS为不同残疾程度的本科生和研究生服务。令戴自豪的是，麦考瑞是世界上第一个提供这类服务的学校。澳大利亚高等教育创新计划基金和IBM公司给这个服务提供了赞助。如今，这种服务不仅在麦考瑞大

接受培训学习的土著学生，很高兴地获得了相关资格证书（麦考瑞大学校友会供图）

学可以享受得到，在澳大利亚其他大学也都可以。一些商业企业也针对不同残障人士的学习方案提供了大量支持。

在戴的推动和支持下，麦考瑞大学长期以来一直在女性就业服务方面做得非常棒，并在2005年9月获得了"女性在工作场所中的平等机会机构"的嘉奖。麦考瑞主张给育龄女性提供慷慨的育儿假制度，这被认为是全澳各行各业做得最好的，因此获得"女性

平等就业机会杰出实践奖”。

为女性事业鼓与呼

大学应是社会正义和公平的倡导者和坚守者。在戴的领导下，麦考瑞大学不仅遵循这一个原则，而且给予社会公正和平等更为广泛的解释。在戴看来，女性就业的不公平，制约了女性走出家庭、走向社会。为在麦考瑞大学改变这一现状，戴在麦考瑞大学设置了女性就业机会平等中心，以促进女性平等就业。

女性就业机会平等中心主任玛丽·简·格里森，在戴离职之前列出了麦考瑞大学在这方面所取得的成就：麦考瑞大学因在推动女性平等获得就业机会方面作出的杰出成就，获得了“商业成就奖”；麦考瑞大学在三个场合获得嘉奖；麦考瑞大学是第一所提供 14 周带薪休产假的大学；麦考瑞大学因为在女性工作安排方面的成绩，曾被澳大利亚大学质量保证机构肯定。这体现在麦考瑞大学的包容性文化、员工的满意度、其他同事和管理者对女性的支持上；根源于戴倡导的性别公平与和谐共处的校园文化理念。

作为女性，戴素来重视对女性领导的培养，她坚信受过高等教育的女性，在教学、科研、管理等方面并不逊色于男性，只是社会不给她们展现才能的平台。在麦考瑞大学，戴为女性提供了平等竞争、各展所长的机会。到 2005 年，麦考瑞大学有九个学院院长职务，其中女性占有四个；校领导中除戴自己外，另有一位女性副校长；教学科研人员中女性占 42%。女性所占管理层领导的比例在澳大利亚大学中居首位。这些变化，如果没有戴的领导与支持，一切都不可

麦考瑞大学校友会纪念刊内页，昔日同事对戴的肯定与赞扬（麦考瑞大学校友会供图）

能发生。

除了以上列举的事例外，生活工作在麦考瑞大学的女性教学科研人员，也切身感受麦考瑞大学对女性的尊重。她们能感觉到，麦考瑞大学的管理人员总是非常支持女性的；戴维持并培育了这种尊重女性的文化；她总是准备就诸如性骚扰等话题作公开阐述；作为校长，戴平易近人，她似乎随时准备与你交流——你不必向她兜售你的想法，她能立即知道你在想什么。

社会的进步需要点滴积累，需要有人为之鼓与呼。为将麦考瑞大学推进女性平等就业、倡导男女平权的理念和做法推向社会，从1989年开始，戴发起组织澳大利亚“女性管理与就业关系研讨会”，研讨如何提升女性管理能力和促进平等就业。这是澳大利亚第一个致力于女性就业问题的全国性研讨会。

戴的这一尝试，一直被认为是一种冒险，但戴一以贯之，坚持到底。在过去17年召开的女性管理与就业关系研讨会中，戴一直拥有大量的支持者。现在这个研讨会制定的方针已经成为衡量促进就业平等的参考标准。它吸引了知名的女性主义者、企业领导、内阁大臣、前国防部长等人士参与其中，就平等话题做主题演讲。

一片冰心向公益

受英国结社文化和公益文化的影响，戴热心公益事业，只要是力所能及，她总是乐意到各种公益组织兼职，贡献自己的一份力量。

1990年，作为校长，戴被任命到四个国家性组织中任委员，其中包括高等教育择业辅导服务组织、澳大利亚公共服务培训委员会、澳大利亚教育国际开发署和澳大利亚装饰咨询委员会。此外，戴还继续在以下机构服务：担任澳大利亚毕业生职业委员会的代理主席，在国家文化遗产委员会担任澳大利亚大学校长委员会代表等。

1993年，作为校长，戴继续在国家文化遗产委员会担任澳大利亚大学校长委员会代表（戴是该会的首席代表），她是国际发展计划局董事会成员，同时也是澳大利亚教育中心政策咨询委员会主席。为履行关于图书馆合作活动的长期承诺，戴还是UNILINC（该公司旨在发展新南威尔士州各图书馆间的网络合作，满足读者需求）的董事会成员。戴与新成立的澳大利亚大学博物馆和收藏委员会合作密切，负责为澳大利亚大学校长委员会作预审，并于1994年得到就业教育培训部的认可，获得国家审议资格。

在那些与麦考瑞大学建立了联系的团体组织中，戴继续致力于文化教育方面的工作。戴还在澳大利亚青年音乐局和金·卡朋特的印象剧院任主席。印象剧院于 1993 年与麦考瑞大学儿童研究所加强了联系，金·卡朋特担任了驻校艺术导演。这个印象剧院是由专业人进行表演的全国性剧院。

戴任职的其他公益组织还包括：联合澳大利亚公共服务训练局成员，澳大利亚装饰咨询委员会成员，麦考瑞图书馆有限公司董事会成员和哈佛澳大利亚研究主席提名委员会成员。

戴是澳大利亚囊肿性纤维化组织的指导委员会理事，该组织致力于提高澳大利亚患有囊肿性纤维化疾病患者的生活质量。澳大利亚囊肿性纤维化组织由指导委员会管理，该委员会每三个月召开一次会议。在医疗健康方面，戴还是“白金听力”组织的领导成员之一。

戴是澳大利亚新南威尔士州女性作家协会委员会成员，2010 年她出席协会 85 周年纪念活动并讲话。

在所有这些组织中，戴兼职时间最长的就是澳大利亚大学校长委员会委员，只要她任职麦考瑞大学校长，这一身份就自动获得。该组织的成立可以追溯到 1920 年 5 月，当时各大学校长在悉尼开会，正式成立了委员会，并设置秘书处。2002—2003 年，戴作为麦考瑞大学校长担任澳大利亚大学校长委员会的副主席，2004—2005 年，戴担任委员会主席，前后共担任该委员会领导职务 4 年。

澳大利亚大学校长委员会团结了澳大利亚 39 所大学，致力于推动和促进澳大利亚大学服务于国家利益；支持澳大利亚大学发挥自己的作用，承担自己的职责；通过讨论高等教育所存在的一些问题，包括教学、科研及培训等，以促进高等教育管理的工作；推动澳大利亚大学的国际化发展；提供有关澳大利亚大学的信息；促进澳大利亚大学学生、教职工福利的增长等。

戴是一位活跃的社会活动家，只要有时间，她总是乐此不疲地参加各种社会活动和公益活动。1988 年，她获得悉尼建成 100 周年纪念勋章；2001 年，她获得澳大利亚联邦建国 100 周年纪念勋章；2002 年，她荣获澳大利亚电信公司赞助的新南威尔士州年度最佳商业女性奖以及新南威尔士州社区和政府奖。这对戴来说，是莫大的荣誉，这也是对那些为了把麦考瑞大学提升到如今在教学、科研等方面获领先地位而作出巨大贡献的幕后英雄的认可。

戴出席女性作家协会会议合影（右三）（图片来自网络）

第八章　服务社会、传承文化的践行者

麦考瑞大学想要持续卓越地服务社会，必须保持一些关键的品质。这些品质包括学术的卓越和学术的独立、管理机构的权责分明和机构问责制。

——戴·叶布瑞

澳大利亚的大学在社会、文化、经济和技术方面，为社会提供着非常好的服务。它们对澳大利亚的发展繁荣作出了巨大的贡献，包括创造、维护和阐释智力资本，以及向国家输送受过良好教育的劳动力和公民。

麦考瑞大学所在的位置在悉尼莱德地区，是澳大利亚高新科技聚集区。作为麦考瑞的主政者，戴一直关注大学与地方社区的密切联系，她同时又坚持认为，如果大学想要持续卓越地服务社会，必须保持一些关键的品质，这些品质包括学术的卓越和学术的独立、管理机构的权责分明和机构问责制。

现代大学不能只是象牙塔，它必须承担除人才培养、科学研究之外的社会服务、文化传承的职能，并在前两项职能有效得到实施后，再承担后面两项职能。戴带领麦考瑞大学非常成功地应对了这些挑战，并且用极度的想象力和极大的责任心服务社会。在服务社会、传承文化过程中，戴不屈不挠地坚守学术独立与卓越的精神。

“分享就是奉献、分享就是服务”

一定意义上，现代大学是知识、人才、信息等资源的汇聚地，注重与所在社区分享学校资源就是对社会的一种奉献。戴很看重这一点，在她看来，“分享就是奉献、分享就是服务”。麦考瑞大学如何在更加组织有序的基础上广泛地开展社会服务呢？在来自美国波士顿曼彻斯特大学恩斯特·林顿教授的帮助之下，戴在 1995 年形成了第一个社区外展战略方案，据此制订新的合作计划，保证服务质量，突出组织特色。

这一战略方案强调，麦考瑞大学的教学、科研应与社会服务相结合，使学生和学术人员能把学术功能外展到社区。既定的合作计划清楚地表述，麦考瑞大学要为从悉尼莱德地区关键的外部社区中精选出来的高级、优先的需求提供可持续的互惠互利的服务。

戴在社会服务方案里明确了五个社区外展目标：通过及时地吸引眼球的信息服务支持，形成和发展双向沟通网络；利用专业的师资把科研和学术的成果应用到帮助社区分析和解决商业、文化、环境、道德、健康、社会、科学以及技术问题；推进接受高质量教育的机会，为终身教育观念和专业发展观念的形成作出贡献，参与到职业、商务、工业和公共部门的继续教育工作中；为学校所在社区提供艺术文化服务中心，支持地方艺术发展；提高分享学校体育基础设施建设和空间的能力。

戴倡导的外展活动为麦凯瑞大学建立了诸多互惠互利的关系，有些为学校发展起了很关键的作用，有些发展成为战略联盟。在和本地的技术管辖区的科研外展活动中，麦考瑞大学和莱德市政府、澳大利亚联邦科学与工业研究组织，还有本地产业建立了合作伙伴关系。麦考瑞大学为国内国际社区提供了多文化主义和国际化主义、终身学习和教育、金融管理和应用以及英语语言服务。

麦考瑞大学与国家教育培训部合作在学校创立了信息传播技术（ICT）创新中心，旨在促进最尖端的ICT在新南威尔士公立学校的应用。这一中心在成立的第一年就引起了国内国际的关注。随后举行的论坛聚集了19所学校，向它们展示了ICT在课程中的创新性应用。未来教师项目在文森特·费尔法克斯家庭基金会提供的200万澳元的支持下，与4所独立学校合作。教育系主任阿兰·哈耶斯教授被新南威尔士州政府任命为新南威尔士教师协会临时委员会主席。教育系的乔治·库尼教授继续担任新南威尔士州应用科学委员会的主席。麦考瑞的学校合作项目提供了第一笔出国奖学金来促进专业信息技术的发展和研究。诺曼赫斯特男子高级中学校长内维勒·沃仁获得了该项奖金——1万澳元。

麦考瑞大学作为社区艺术文化中心，不仅为本社区服务，还支持地方的艺术发展。在这一点上，戴领导的麦考瑞大学也取得了很大的成绩，尤其是在音乐、写作，还有视觉艺术上。仅仅三年时间，麦考瑞大学著名的“三重奏”组合：钢琴家卡斯莱恩·瑟尔比、小提琴家查大学米安·嘉德和大提琴家米歇尔·戈尔德宣拉齐，不仅为学校和社区的音乐生活增添色彩，还为更多的观众留下了难以忘怀的印象。麦考瑞大学“三重奏”组合利用周日下午，在麦考瑞大学剧院的系列演奏会和在市里的澳都斯（澳大利亚电信公司）举行的圣詹姆斯系列演奏会吸引了大量的观众。“三重奏”组合在澳洲巡回表演并且和澳大利亚广播公司合作录制了两张 CD。1995 年，澳大利亚电信公司和歌剧院托拉斯合作，签订计划支持麦考瑞大学“三重奏”组合在悉尼歌剧院举行城市演奏会，并于 1996 年成功实施。

1995 年 4 月，作为一个写作业余爱好者，戴在麦考瑞大学又发起了“麦考瑞大学的作家们”系列活动，她邀请很受大家欢迎的小说家伊丽莎白·琼丽作为第一位发言人。后来，小说家凯特·格仁维利和诗人约翰·特让特也加入进了来。他们的精彩讲座和写作技巧，在麦考瑞大学的教师和学生以及周边社区的群众中赢得了忠实的观众。

1995 年，戴在视觉艺术领域最重要的贡献就是为麦考瑞大学的雕刻公园购买重要的砂岩。由安东尼·布鲁因斯马构思和其他雕刻家一同雕刻的作品《如此圣人》在麦考瑞大学的雕塑公园完成。这个雕塑紧挨着麦考瑞管理学院。因为麦考瑞管理研究所有限公司的捐赠，使麦考瑞大学购买砂岩的计划得以实现。

1995 年，戴通过指派皮特·斯坦布瑞博士作为政策和推进活动的顾问，以及借由联邦基金资助的关于大学博物馆和收藏的国家检查（戴和皮特·斯坦布瑞博士都是这个检查小组的成员），麦考瑞大学加强了大学博物馆建设和教学收藏。最受欢迎的古代历史教学收藏（在质量检查和国家收藏检查中都得到了推荐）得到了新的安置，被安置在新的古代文化博物馆。

服务学生，一切为了学生，是戴拓展社会服务的原动力。为提高对外服务能力，戴积极参加澳大利亚大学校长委员会的活动，并

麦考瑞大学开放、自然的校园图片集锦(麦考瑞大学校友会供图)

与其他成员建立广泛的外在联系。通过与媒体积极接触，戴对新闻传播媒体产生了强大、有利的影响。与此同时，她加大对有发展潜力学生的推荐力度。在1995年9月举行的年度信息日上，麦考瑞把近几年来对科技方面人才的推荐力度，扩展到全校所有的学院。有超过3000名学生参与了为期两天的展示、讲座和旅游。这些学生成为麦考瑞提升影响力和社会知名度的有效名片。

作为评估麦考瑞大学对接项目的一部分，戴召集项目中七所中学的校长和职业顾问开了一次会议，在该项目中他们为大学员工提供反馈和分享进步的方法。通过这一项目，麦考瑞利用广告、新技术促销和非印刷媒介的发展，包括分发给中学的只读光盘，上面有关于在麦考瑞大学本科学习的情况介绍，以及在澳大利亚电视台播放过的一系列商业广告。而这些广告只对特定的亚洲国家播放，以推广麦考瑞大学，提高知名度。

通过一系列的公益活动，麦考瑞大学始终坚持立足于社区，服务中学教育。新的高中教学大纲强调高中教师和学生的最迫切需求，同时探索合作项目和延伸项目。麦考瑞大学教育学院的乔治·库尼教授组织的一场研讨会引起了许多高中校长的兴趣。

多年以来，戴推动麦考瑞大学不断与多所城市的高中建立了互惠合作关系。1999年12月，《麦考瑞合作伙伴学校方案》公布，旨在协调各合作学校间的互动与合作。同年2月，一个新的“环境纠纷评估与处理中心”（CEDAR）成立，该中心的工作人员是来自麦考瑞大学多个学科的专家，包括环境研究生院、环保法律研究中心等处的专家。CEDAR与当地的市政委员会合作，调解环境纠纷问题并为当地政府提供决策建议方面的服务。

随着政府对高等教育经费资助的减少，高等教育的职业营销和市场调研特点也越来越明显。在这种背景之下，戴委托公关公司为麦考瑞大学作了一项市场调查研究，为强化麦考瑞形象宣传和全校范围的营销计划作准备。该研究在1996年初由一家在此方面有着丰富实践经验的营销公司实施。这项调查帮助麦考瑞大学与许多利益相关者，包括未来的学生、毕业生雇主和工商业伙伴等计划新的沟通策略。

1996年4月，在公关公司的帮助下，戴成功举办了一次校长接待会。接待会上，麦考瑞大学广泛的科技活动被展示给私人和公共部门的高级代表们，促进了很多有价值的研究合作、咨询顾问、教育和赞助方面的联系。这一年，麦考瑞大学还主办了“2000年商业论坛”，吸引了工业、政府和主要社区组织，以及悉尼奥运会及学术组织委员会。戴借助一个媒体广泛关注的论坛，宣布将赞助学校学生——亚特兰大奥运会游泳决赛选手纳丁·纽曼恩的培训费用。

在落实麦考瑞大学“社会服务计划”的过程中，戴以“分享知识、分享机会、分享校园”的宗旨为傲。2000年，麦考瑞大学以极大的热情开展了其中学服务项目，项目由公共关系和营销系共同组织，提出了几个新的提案来帮助年轻人培养一些关键技能，并为教师和职业顾问们出版了一本名为《麦考瑞手册：学校指南》的书。

有一个特别成功的走进社区的例子，很好地说明了那些建立在麦考瑞大学教学科研基础上的活动是如何利用学校的专业知识和基础设施更加广泛地服务社区的。这就是颇受赞誉的由“梦想澳大利亚计划”和国家本土艺术推进会合作拨款的技术复制时代的土著艺术全国巡回展。

这次展览由社会学的维维恩·约翰逊副教授发起并策划，历时11个月，先后到凯恩斯、达尔文、阿里斯斯普林斯、阿德莱德、断山和悉尼等城市展出。《土著人之家》光盘的试发行版本也利用这个机会同时展出，这个作品专注于开始蚕食土著艺术的所谓的“复制产业”以及本土艺术家为阻止未经授权的复制特别是创意设计的复制所做的斗争。这个《土著人之家》采用虚拟的室内环境，室内装饰全是土著的或来自土著灵感的设计产品。这些作品是维维恩·约翰逊副教授和她的学生们在每年追踪调查游客和零售市场的过程中收集来的。

1997年，戴制订的社区拓展服务计划的任务要求是：为在莱德地区及国家内部提供一个对接口，服务对象应是精选的、具有优质优先需求的关键要素，为此需努力追求达到国际水准、完善大学

戴以自己欣赏的土著绘画为背景留影（麦考瑞大学校友会供图）

的专业化功能设备、提高大学生在艺术上的造诣和基础设施建设。社区大学拓展服务的目标是：发展并且保持由时效、有趣的信息服务所支撑的网络合作关系和双向交流；利用专业知识技能、应用研究和申请奖学金来帮助分析外部构成要素，以此来处理经济的、文化的、环境的、伦理的、健康的、社交的、科学上和科技上的问题；提升学生进入高等教育的方式，强化学生对终身学习和提高个人发展的认识，参与在专业上、商业上、行业中及公共事业领域中的继续教育；努力作为一个文化中心来为社区大学服务，并把当地建设得具有艺术氛围；把多余的力量投入到大学硬件和软件的基础设备设施的建设中。

土著人是澳大利亚最早的一批居民，但由于文化差异及种族歧视的影响，他们是被社会遗忘的一个民族。戴在任校长期间，除对土著艺术给予特别关注外，对这个弱势民族的孩子平等接受教育和就业也给予了力所能及的关照。为了表达对土著人的尊重和歉意，戴组织麦考瑞大学参加纪念“国家道歉日”活动，庆祝了当地的土著传统。为雕塑公园“水即是生命”奉送了由曾游历于此的塔鲁尔人 Edna Maring Watson 和 Patricia Karbo Jarvis 姐妹艺术家雕刻的岩石雕塑。

1998 年颁布的 1997 年澳大利亚教育部数据显示：在为土著人提供高等教育方面，无论是在招生入学、课程教授、教学成果还是持续时间来说，麦考瑞大学都比其他院校作出了更大的贡献。如，1998 年开始尝试推广Bteach 项目（面向 0–5 岁的孩子），45 名土著人和托雷斯岛民的孩子加入了这个项目，他们来自新南威尔士州的各地，最远的来自约克海岬的巴马佳（Bamaga）。

土著学生在取得社区管理高级证书后，可在麦考瑞大学申请商业法硕士学位，越来越多获得社区管理高级证书的学生对申请攻读硕士学位表现出兴趣。瓦拉瓦拉麦考瑞大学土著和托雷斯岛民机构为土著学生在文化、社会和学术方面提供了支持和帮助，其中最让他们引以为豪的就是麦考瑞大学为土著学生提供的全面教育。

2001 年，澳大利亚联邦迎来成立 100 周年纪年①，全国举行了各种纪年活动。麦考瑞大学正式承认澳大利亚原住民对这片土地的贡献，为托雷斯海峡的岛民树立了两根纪念杆和原住民旗帜，戴还创造性地成立了原住民认可委员会。

麦考瑞大学的原住民研究系——瓦拉瓦拉举办的第一场公开活动就是为期两天的题为“原住民悉尼——新视角”的研讨会。该研讨会吸引了来自民族和解团体、教学科研团体、博物馆和政府部门的代表参加。与此同时，悉尼原住民历史项目正式启动。

联邦政府参议员赫隆在卸任原住民及托雷斯海峡岛民事物部长职务之前，曾经参观过麦考瑞大学原住民学生的幼童学习中心和原住民研究系瓦拉瓦拉辅助设施。此后，在他的努力之下，麦考瑞大学的儿童学习中心和原住民社区工作人员教育一直处于前沿水平。

1998 年，戴领导实施了一项新的关爱残疾人行动计划，引起主管部门和媒体的关注。在一年一度的教育全面规划讨论会上，澳大利亚教育部表扬了麦考瑞大学为残疾学生所做的工作和努力。1998

① 1900 年 7 月 5 日，英国议会通过了批准澳大利亚成立联邦的法案，1901 年 1 月 1 日，新南威尔士、维多利亚、昆士兰、南澳大利亚、塔斯玛尼亚和西澳大利亚六个殖民地组成了澳大利亚联邦。

年7月，英国《每日电讯报》将“领袖奖项”授予麦考瑞大学董事会，而且高度评价了麦考瑞大学为所有学生提供一视同仁的资助，不论宗教、种族还是信仰的行为。因其为母亲和儿童提供特别服务和设施，麦考瑞大学被英国知名的儿童慈善机构巴纳多（Barnardo）列入评选“澳大利亚母亲年度奖荣誉榜单”的候选名单。

1998年，麦考瑞社区项目的使命是为怀德市区重要的有优先发展需要的涉外机构和国家及国际水平的组织搭建桥梁，提供持续互惠的经验、资金、艺术支持和基础设施。社区项目的主体方案反映了麦考瑞大学教学科研的强项，如“预存养老金”(superannuation industry）的培训。

麦考瑞大学的工业与社区资源在1998年度得到了强势拓展。科研与学术应用促进了社区商业、环境、道德、社会的发展。最为引人注目的是麦考瑞大学为社区综合解决环境问题提供的方法，帮助环境争议评估和解决中心解决相关纠纷。一是强调大学内部教学与研究的实用性和学科间的特点；二是综合以下学院的专家力量：麦考瑞环境研究院、麦考瑞管理研究院、麦考瑞环境法中心和麦考瑞的商业臂膀——麦考瑞研究有限公司。

自然风险中心继续保持其与提供大额基金保险业的合作关系。中心每年的研究论坛日都会有很多人参与，积极讨论与行业相关的话题。在水危机中，由生物科学院团队研发的精确监测水中微生物的技术，对悉尼水资源的改善提供了极大的帮助。为研发这种技术，麦考瑞研究有限公司项目的工作人员连续工作六个星期，日均工作18个小时。麦考瑞的研究合作者们在1999年发行一整套监测元件，监测隐孢子虫和鞭毛虫。

戴进一步发展灵活的终身学习和个人发展模式,强调开拓商业、工业和公共领域的继续教育。1998 年 7 月,麦考瑞研究有限公司与学校的其他院系合作,推出其第一批为呼叫中心服务的专业课程和旨在授予澳大利亚职业教育培训认证委员会认证的呼叫管理毕业文凭的课程。1998 年 8 月推出的克罗地亚研究中心正式认可了“现代语言”在教学与科研中的长期地位,满足了在澳大利亚的克罗地亚团体的需求,同时保护了它的语言文化和身份。

自 1992 年以来,麦考瑞社会管理证书(DCM)已成功吸引大量本土社区成人领导来学校学习。2001 年 3 月的报告显示,本土领导力的课程主要由麦考瑞人类地理系副教授里奇·豪威特讲授。新课程将帮助那些已获得麦考瑞社会管理证书或获得一些先期证书的学员获取麦考瑞大学学位。还有一些毕业生成功进入麦考瑞大学研究生院学习。

在传承国家传统上,麦考瑞大学可谓是独占鳌头。其“博物馆与收藏战略计划”得到全国的竞相模仿,在两篇大学博物馆与收藏报告中扮演了重要角色。一是 1996 年发布的著名的《灰姑娘收藏报告》;二是 1998 年推出的第二部报告《灰姑娘收藏转型》。因为麦考瑞大学在这方面的引领作用和戴本人对这项工作的专注投入,戴继续担任新南威尔士州校长会议常务委员会博物馆与收藏的主席。

麦考瑞大学的美术馆位于新的行政大楼一楼。作为营销及校际合作延伸活动的一部分,麦考瑞大学经常在此展出本土艺术家的优秀作品,吸引学生团体和来访的游客。1998 年 5 月,戴邀请新南威尔士州总理鲍勃先生为迁址的澳大利亚历史博物馆开馆揭牌。

戴与新南威尔士州总理鲍勃为博物馆揭牌（麦考瑞大学校友会供图）

博物馆与馆内藏品为麦考瑞《国家科学周刊》贡献了大批得到广泛关注的事件。麦考瑞大学的各种博物馆为教学与科研提供了重要资源，尤其鼓励公众、教师和学生共享其丰富的文化资源。

麦考瑞大学体育设施完善，校园环境优美。戴实施社区项目的另一个长期目标是与社区共享其体育库、智力库和相关设施。麦考瑞大学与加拿大奥林匹克联合会签署协议，为其2000年悉尼奥运会队伍训练提供校园场地。这一举动同时得到了怀德市的支持与参与。为了准备悉尼奥运会，麦考瑞大学的停车区被改为“公园与骑马区”，方便有重大活动时可以开车取运 Home Bush（澳大利亚体育场）的设施。

由麦考瑞大学和悉尼科技大学共同拥有和运作的 2SER–FM 电台，是澳大利亚最大、最有活力的社区电台之一。在 300 名志愿投稿人的共同努力下，1999 年该电台获得了多项优秀节目奖。其中，为庆祝国际老人年的一系列节目入围 1999 年“联合国媒体和平奖”的决赛，澳大利亚大学质量保证机构称赞获奖的无线电台 2SER–FM 是“以学校外延活动为基础的有效合作”。

与社会共享文化与艺术

麦考瑞大学是悉尼莱德地区文化与艺术的创生地。作为社区的一分子，麦考瑞大学成为莱德地区最大的公共文化服务场所。澳大利亚大学质量保证机构指出：“一个大学的实力表现在它对艺术的支持程度上，而这种实力大多以学校的一系列外延服务和产品呈现出来。”

麦考瑞大学雕塑公园陈列的主要是当代雕塑家的作品，营造了一种轻松的环境。此外，麦考瑞大学还拥有 15 个用于教学、科研和学校的外延服务的博物馆和艺术馆。麦考瑞大学广阔的校园也使得这里成为澳大利亚最大的公众雕塑公园。2000 年校园内又竖立起来几个新的雕塑，其中一些还引起了媒体的兴趣，例如由路易·法拉瑟所雕刻的名为“喜悦”的一个极富争议的妓女形象。雕刻家兼公园雕塑负责人艾诺尔·达维斯被其他大学邀请过去，指导建立类似的主题雕塑公园。

2002 年 10 月，麦考瑞举办了著名雕刻家艾诺尔·达维斯的作品回顾展。正是艾诺尔·达维斯倡导把高等教育机构的校园打造成雕塑作品公园。作为麦考瑞大学雕塑馆的馆长和协调人，艾诺尔·达维斯在 1992 年建立了麦考瑞大学雕塑公园，并引导其成为南半球规模最大的主题公园。肯·斯卡雷特出版的一本关于大众的雕塑就以其为主题，澳大利亚广播公司、特别广播服务公司的频道和若干报纸都曾报道过它。珀斯的埃迪斯科文大学校园的雕塑作品公园就是参照麦考瑞大学雕塑公园的模式建立的。艾诺尔·达维斯因其对艺术的杰出贡献，尤其是为麦考瑞大学雕塑公园所付出的努力而荣登英国女王生日授勋名单并获得册封。艾诺尔·达维斯更是慷慨地把他的全套雕塑作品——这些作品代表了他一生的创作努力——捐赠给了麦考瑞大学。

麦考瑞大学雕塑公园里面的雕塑（龙小农摄）

麦考瑞大学雕塑公园承办了几次“星光下的雕塑”观光活动，有些诗人自创的诗歌使活动更富吸引力。艺术画廊展览项目吸引了来自于其他学校或是社会的数以千计的参观者，还得到了媒体的报道和宣传。2003 年，校园免费电影和专家讲座也引起了数千人的关注。

在戴的支持下，麦考瑞在发展学校博物馆和收藏方面是澳大利亚的典范，一直是国内和国际的领跑者。2001 年，麦考瑞成功创立了UMAC（大学博物馆和收藏室），这是国际博物馆理事会的下设委员会。麦考瑞大学副校长彼得·斯坦布瑞博士被选为该国际机构的第一任主席，而戴本人则担任国际会议策划委员会的主席。同年 5 月，麦考瑞引进安装最先进的博物馆和藏品信息管理系统AdLib。通过网络数据库，麦考瑞博物馆馆长向校内外观众发出搜寻散落在校园内快速增加的教学和研究展品的吁请。2002 年 10 月，大学博物馆和收藏小组委员会在悉尼和堪培拉召开了一次成功的国际大会，开幕式在麦考瑞大学举行。

作为公共文化服务机构，戴主张，麦考瑞大学的美术馆和艺术馆应对社会开放，每有展览的时候欢迎观众参观校园。麦考瑞大学的图片展很多都在艺术馆进行，展览涵盖了各种主题，创作者包括女性艺术家、原住民艺术家，这些展览都拓展了麦考瑞大学与社会的合作项目，特别是与大专院校的合作。麦考瑞大学的各种原住民艺术展还曾多次应邀到校外展览，如 2001 年 9 月至 10 月在布里斯班举行的文化展。

在戴的印象中，麦考瑞大学美术馆所举办的最不同寻常的展览就是古代绘画——古代艺术作品展，展出的展品均是澳大利亚的原创作品和化石标本，展览主题的灵感来源于古代大陆和水域的丰富的生活历史。这次展览和麦考瑞大学承办的国际古生物学会议的开幕式同时开始。而在2001年国家科学周上，麦考瑞大学组织面向校内外观众的系列主题电影展，每场都是爆满。当每次免费电影播放结束时，观众都会和来自生物学、哲学、心理学和化学等学科的评论家热烈讨论电影的真实性和虚幻性。

麦考瑞大学的博物馆和各种展览馆、收藏馆是公众的最爱。原住民艺术展期间和澳大利亚美术馆的一个有关旅行的展览期间，前来参观的人数都分别创下了历史纪录。

作为艺术的炽热爱好者，戴致力于发挥麦考瑞大学的艺术创作优势，与社会分享传播艺术；通过对艺术欣赏的支持，发挥其连接校园社区与地区文化中心的作用。戴的社区服务拓展目标是，使麦考瑞大学成为一个艺术中心，不仅仅是学校和社区的，而且还是整个地区的。在她的整个任期内，戴一直以此为目标。

戴把麦考瑞大学著名的音乐合唱组合“三重奏”，塑造成艺术服务社会的一张名片。麦考瑞大学的“三重奏”，成员包括享誉国际的独奏表演家（钢琴家卡斯莱恩·瑟尔比，小提琴家尼可拉斯·米尔顿和大提琴家米歇尔·戈尔德宣拉齐）。

2002年10月，戴在麦考瑞大学为他们举办了驻校演出10周年纪念活动。作为澳大利亚三个最早的室内音乐合唱团之一，麦考瑞大学“三重奏”为了满足社会的需求走出了校园，将他们的系列音乐会搬向社会，“三重奏”在阿德莱德、布里斯班和澳大利亚边远地区拥有很高的人气。澳大利亚大学质量保证机构称赞，麦考瑞大学的驻校音乐家受到了社区的欢迎。

麦考瑞大学“三重奏”同时通过澳大利亚广播公司的 FM 经典广播节目和其他广播节目播出，拥有了很多听众。颇受欢迎的麦考瑞大学“三重奏”全年都可以在澳大利亚广播电视公司经典音乐（ABC Classic）FM 电台和 MBS 网络中收听，并且推广到了悉尼、墨尔本和堪培拉地区。他们发行的名为《舒伯特——钢琴三重奏完全版》CD 获得了“2001 年度 ARIA 音乐大奖最佳古典音乐专辑奖”

戴和校监等人与“三重奏”成员合影（麦考瑞大学校友会供图）

的最终入围奖，这是对他们表演的最好肯定。

戴与社区分享文化艺术的另一张名片是麦考瑞大学戏剧组合，金·卡朋特的印象剧院。这是一个为5—12岁的孩子和其家人建立的儿童剧院。印象剧院制作的剧目同样免费向社会公映，但这丝毫不代表其艺术水准的下降。事实上，麦考瑞大学的印象剧院获得了极高的艺术评价。如2001年1月其合作表演剧目《吉卜赛男孩》获得了广泛的、积极的媒体评价。《太阳先驱报》评论道："该儿童剧大大领先于悉尼上演的大部分剧目。"2001年，麦考瑞大学著名的印象剧院成功地举行了全国巡演。

从2000年开始，为推出符合少年儿童心理需求的剧目，印象剧院和麦考瑞大学儿童研究所合作，推出一系列剧目创造计划。《吉卜赛男孩》仅是其中之一。麦考瑞大学灵活学习中心的法比安·阿斯特也因为该剧的视觉和多媒体效果获得了赞赏。而该剧的缘起主要是麦考瑞大学儿童研究中心对大篷车里的儿童所作的研究。该合作计划获得了澳大利亚剧场基金委员会近8万澳元的合伙人津贴，用于创新一个多媒体儿童剧院项目。

印象剧院与麦考瑞大学灵活学习中心合作的专为儿童制作的节目《杰克和皮特》，综合使用了计算机动画技术；另一种合作形式是"创新假日工作室"，吸引孩子参与戏剧创造。2002年，印象剧院上演的第一部戏是《疯的、坏的和恐怖的》。来自灵活学习中心的法比安·阿斯特为这部音乐剧提供了多媒体和电脑动画支持，该剧也进入了赫尔普曼爵士奖的候选人名单。2002年下半年印象剧院和悉尼歌剧院同时制作了《鲁滨孙·克鲁索》的剧目，同样还是法比安·阿斯特提供了多媒体支持。在巡展中，《鲁滨孙·克鲁索》被放给了2.8万名学龄儿童观看。

2004年，印象剧院推出的儿童剧《爷爷的鞋子》等剧目还获得了一系列媒体颁发的荣誉奖项。《爷爷的鞋子》一月份在西摩中心上演。该儿童剧是15年来澳大利亚又一部新的儿童剧，吸引了大量观众。剧中，麦考瑞大学灵活学习中心的法比安·阿斯特所制作的动画深受观众喜爱。而印象剧院在大学校园为孩子们开办的“创意假期工作室”，继续受到家长的高度肯定。

戴利用麦考瑞大学自有乐团的优势，在社区策划了一年一度的免费音乐会《冬之天籁》，这一免费音乐会较好地满足了社区群众的真正需要。2001年的六场音乐会吸引了附近社区众多的观众前来欣赏，他们很是赞赏麦考瑞大学提供的这一艺术服务，麦考瑞大学收到表示感谢的邮件近800封。麦考瑞大学合唱团和交响管弦乐队的音乐会也得到社区观众的热烈反响，并于2002年5月在麦考瑞大学剧院重新上演，为观众们带来了七场风格不同的音乐会。

澳大利亚大学质量保证机构称赞麦考瑞大学与TOL（国家儿童家庭剧院）的合作体系强健、有效。TOL与灵活学习中心合作为他们的节目创作了多媒体形象。2003年，TOL成功制作了一季《快乐王子》，与澳大利亚青年乐队和年轻作曲家联合创作作品，并在加拿大马尼托巴儿童剧院进行了一个季度的演出。麦考瑞大学委派雷蒙德·布兰科为驻场艺术家。

作为一位成功的形象管理者，戴不仅关注自己的公众形象，也时刻关注着如何塑造麦考瑞大学的公众形象及如何协调与周边社区的关系。设立一年一度的“校园开放日”就是戴拓展社会服务、分享校园文化、提升麦考瑞大学知名度的另一措施。澳大利亚大学质量保证机构的评估表明，麦考瑞大学与“各种校外团体”建立了各种创新互利的关系。

1999 年 9 月，戴倡议设立的“校园开放日”得到麦考瑞大学理事会的同意。“校园开放日”当天，麦考瑞大学除了向公众提供学业建议、开办讲座外，还有演示和实际操作活动项目。各个年龄段的游客都可以利用这个机会从寓教于乐的活动中体验大学生活。麦考瑞大学的“三重奏”合唱团在校园内举办了五场音乐会，所有的音乐会都通过 FM 调频广播播出。

每年一度的“校园开放日”和“一月广告日”成功地为麦考瑞大学的潜在生源提供了信息，帮助他们选择学校。2003 年，麦考瑞大学举办的各项活动都非常成功。那些想在学校继续学习的学生可以在五月举行的麦考瑞大学研究生展览会上获得帮助信息。到 2003 年底，6000 多名有意向在麦考瑞大学继续研究生学习的学生订购了人文、健康、商业和法律、教育、科学与技术五个方面的简报。

借势悉尼奥运会推介麦考瑞大学

2000 年，对澳大利亚人而言，悉尼奥运会是一个特殊难忘的年份；对戴来说，悉尼奥运会则是一个借势宣传塑造麦考瑞大学品牌的年份。2000 年悉尼奥运会的举办，无论对麦考瑞大学还是对戴来说，都是拓展社会服务、树立学校服务社会的品牌年。戴利用这一历史性机遇，好好地宣传了一把麦考瑞大学的各种创新，将麦考瑞大学进一步推向了世界。

2000 年 9 月 15 日至 10 月 1 日，第 27 届奥运会在澳大利亚悉尼举行。悉尼奥运会为整个麦考瑞大学注入了强大的自豪感和主人翁意识，除了正常教学，麦考瑞大学举办了不少庆祝活动。奥运会开幕式前两天，在一片翘首企盼的激动心情中，奥运火炬在麦考瑞大学校园开始传递，而麦考瑞大学是火炬传递路线中所经过的唯一一所大学。麦考瑞大学有四位学生代表参加了火炬传递；奥运会召开期间，麦考瑞大学作为服务场所和运动场馆之一，提供志愿者和展出服务。

令戴骄傲的是，麦考瑞大学不仅服务于而且直接了参与悉尼奥运会。麦考瑞大学的学生参与设计了悉尼奥运会火炬，其设计理念来自悉尼歌剧院的外形轮廓，太平洋蔚蓝的海水以及“飞去来器”精妙的弧线。火炬分为三层，分别象征着土、火和水。麦考瑞大学还有四名学生参加了悉尼奥运会竞赛。

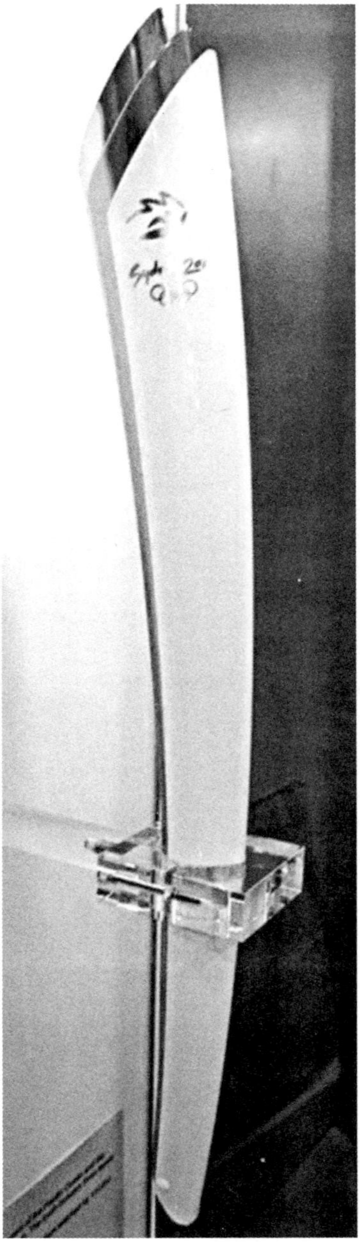

麦考瑞大学学生参与设计的悉尼奥运会火炬

阿里斯特尔参加了男子八人皮划艇，梅丽莎·梅德利科特是4×100米接力的替补队员，劳迪·图尔基参加了双人跳台比赛，安娜·温莎为女子200米个人混合泳选手。其中阿里斯特尔获得银牌，劳迪·图尔基获得铜牌。

麦考瑞大学接待了600多人的加拿大奥运会后援团，以及相关政府官员和要人。他们住进新的住宿学院，在位于湖边的管理学院处理相关事务，使用体操馆进行健身和放松，并在大学联盟的协助下开展一系列社会活动。麦考瑞大学的热情、好客和善意，以及其他一些成功的交流和互动机会，使得麦考瑞大学同莱德市以及加拿大政府官员之间的联系得以进一步巩固。

2000年7月，校内的旅游酒店（Travelodge）竣工，用来接待奥运会来客。酒店有自己的车道和停车场，而校园则主要充当公园和公共汽车停车场。奥运期间，麦考瑞大学大量的学生和职员担任了志愿者或工作人员的职务，另有创历史纪录的64名脊柱按摩师也参与进来。

戴在奥运会期间组织的一系列特别活动，是展现麦考瑞大学创新性的一个个窗口，如受到高度赞扬的艺术品展览《千禧年梦幻时光》。该展览展出了麦考瑞大学以及戴本人所收藏的一些原住民和托雷斯海峡群岛岛民的艺术品，吸引了大量的观众；另外一个受到大家喜爱的是名为《上帝的奥运会》的展览，展出了选自麦考瑞大学古文化博物馆的工艺品，展现了作为现代奥林匹克前身的一些体育竞技活动的历史。

余音未了

“做人难，做女人更难，做一位成功女性，更是难上加难。”这是中国一句略带调侃却不无道理的话。这话用在戴身上，竟是如此贴切。不过，戴凭借她的才华与能力、坚毅与执着，迎难而上，成就了澳大利亚高等教育史上一座难以企及的高峰。

打破“玻璃天花板”

在中西方社会，由于社会偏见、性别歧视和社会角色定位等原因，女性在职业发展中晋升到一定阶段后，就会遭遇到一种无形的、人为的困难和瓶颈。西方社会学者将这一阻挠女性晋升到高级领导岗位的瓶颈，形象地比喻成“玻璃天花板”。

戴是澳大利亚高等教育史上第一位大学女校长，在任职麦考瑞大学校长期间取得卓著业绩，迄今无人能望其项背。戴为澳大利亚女性突破男权社会的“玻璃天花板”树立了一个榜样。2006 年 2 月，由于年龄的原因，戴不再担任麦考瑞大学校长，但戴对教育的执着痴情不改，她优雅的身影依然活跃在澳大利亚高等教育界和各种社会活动中。

2005年底，戴的同事、麦考瑞大学校友会主席瓦勒雷·普拉特教授在校友会送别戴的晚宴上，描述了戴担任大学校长、打破“玻璃天花板”的意义：

“若干年前，我在悉尼的一份报纸上看到一个革命性的观点：‘如果一个女性能在一所大学接受教育，那么她就有能力帮助管理这所大学。’那时在澳大利亚的各个领域，还少有高级女性管理者，更别说首席执行官。

20世纪70年代，我在与新南威尔士大学比尔·福德教授谈论女性在高等教育的状况时，比尔教授对我说：‘有一位女性你必须见见——戴·叶布瑞，一位能力非凡的女性。’

他的话很具有预言性。在几年内，你就成为澳大利亚首位大学女校长，并且在这种时代背景下取得了非凡的成就，这对出席今晚晚宴的不少人来说，都是一个巨大的鼓舞。”

作为澳大利亚首位大学女校长，戴就像一朵预报澳大利亚女性在政界、学界日渐崭露头角的迎春花，虽经历风风雨雨、遭遇质疑歧视，但风雨过后，怎比她“雨润花姿娇”？她以自己的博学多艺、从容大度，以及独特的治校理念、教育思想，开始了澳大利亚女性引领高等教育发展的春天。

在她之后，澳大利亚39所大学先后涌现出十几位大学女校长。一花独放不是春，万紫千红春满园。这一切，都与女性自身的努力密不可分，正如戴所说：“我是一个乐观主义者，但同时我也是一个改良主义者。如果我乐观的看法有实现的机会，我必须努力去实现它，因此我是一个行动主义者。我不会坐在后面，不作任何努力、不作战略定位，然后期待着事情发生。”

麦考瑞大学现任校监莫里斯·纽曼曾这样评价戴:“戴·叶布瑞是一位坚贞不屈、目标感强、对她的大学具有无边热情的女性。她是一位非凡的艺术家,是她引导着麦考瑞大学——澳大利亚具有创新性的大学——发展成澳大利亚最优秀的研究机构之一。”

2005 年 3 月,麦考瑞大学校友会会刊《天狼星》发行纪念戴离职特刊《光辉的足迹》。有一位叫特蒂的学生为戴画了一幅卡通肖像,刊载在此特刊上。画像中的戴身着学位服、头戴学位帽,端坐正中,围绕她的是戴一生的追求和成就的事业,当然,也包括她曾遭遇到的歧视和阻力。从画像中,我们可以看到戴丰富的情趣爱好、多才多艺和全面处理事务及协调的能力。

戴离职时,学生送给戴的卡通肖像画(麦考瑞大学校友会供图)

可以说，麦考瑞大学成就了戴，戴也重新塑造了麦考瑞大学。戴带领麦考瑞大学在国内、国际建构起来的良好声誉，是一笔光辉的财产。2006 年 2 月，戴正式退休，她近 20 年的杰出领导才能和开拓创新能力，为麦考瑞大学赢得了创新性、教科研结合的美誉。

在戴离职麦考瑞大学时，一些不同机构的统计共同显示，麦考瑞大学已身处世界先进大学之列。2005 年《泰晤士高等教育增刊》公布的排名显示，麦考瑞大学领先很多国外杰出的大学，在国际上排名第 67 位，在澳大利亚排名第 7 位。而 2004 年同样是该刊排名，分别位列第 68 位和第 9 位。在一些特定领域该校排名其甚至还要靠前，其中人文科学第 36 名，社会科学第 46 名，生物医药第 53 名。同样杰出的还有麦考瑞大学管理学院。英国《经济学人》杂志根据其信息部门所做的《哪个 MBA？》的报告了解到了麦考瑞大学的研究生质量，将麦考瑞大学管理学院排在了第一位。英国《金融时报》也因该院的行政教育质量将其列为世界工商管理学院的前 35 名。

麦考瑞大学——澳大利亚最具创新性的大学，这就是戴为澳大利亚高等教育的发展矗立的一座令人景仰的丰碑！凭借她独特的人格魅力——这种魅力促使她突破男人的世界，戴带着她挚爱的麦考瑞大学，走到了高等教育界的顶峰。由于她的无私奉献和卓绝的领导才能，麦考瑞大学牢牢确立了教学和研究机构的卓越地位，在海内外享有卓著声誉。她增加了弱势群体接受高等教育的灵活性，并留下了一种关怀备至、兼容并蓄、富于创造的文化——这是戴留给麦考瑞真正的、永续的财产。

一篇报道披露出的纷争

卸任后的第一年，戴的继任者斯蒂芬·宣瓦兹聘请戴担任麦考瑞大学的国际形象大使。不过，随着两人关于办公室使用、收藏的艺术品产权归属纠纷的产生，戴与麦考瑞大学的缘分走到了尽头。此后，戴再也没有也不允许进入她一手再造的麦考瑞大学校园，尽管那是她全身心工作并奉献过 20 年的美丽校园。

2007 年 2 月 8 日，《悉尼先驱晨报》一篇有关麦考瑞大学荣誉教授戴的报道，把戴与她的继任者斯蒂芬的分歧披露出来。该报根据《大学信息公开法案》，从现任麦考瑞大学校长斯蒂芬那里获得争议的有关信息。报道说，斯蒂芬扣留了戴在麦考瑞大学工作时积累的全部资料，并对戴在职期间收藏的价值 1300 万澳元的艺术品产权提出质疑。

在麦考瑞大学，教师和学生都称戴为“悉尼麦考瑞大学伟大的女士”，但当戴离开她的校长岗位后，有关她的争议随之而来。戴自 1987 年至 2006 年一直担任麦考瑞大学校长，但当她开始要结束她热爱的漫长的校长生活时，她却遇到了麻烦。这正如中国古语所云：“夫祸患常积于忽微，智勇多困于所溺。”

斯蒂芬是在戴毫不知情的情况下，将两人之间的争议透露给媒体的，而当《悉尼先驱晨报》刊登斯蒂芬对戴的指控时，事先也没有与戴进行任何讨论。戴认为这是一种对她的“伏击”，因为她是在报纸出版之后才了解这一切的。为维护自己的声誉，戴选择通过法律程序起诉她的继任者和《悉尼先驱晨报》，同时连写三封信向现任校监莫里斯·纽曼说明情况。

戴要求维护自己名誉权和财产权的行动得到了法院的支持。2009 年 8 月 8 日《悉尼先驱晨报》在自己的报纸和网站上公开向戴道歉。2010 年 2 月，戴也收到了来自英国大学和大学联盟的道歉。道歉是对方自愿的，没有通过司法途径，道歉是因为他们转载了在《悉尼先驱晨报》出版的错误指控的部分内容。

从 20 世纪 70 年开始，戴就是一个专业的艺术收藏家，远早于她 1987 年任职于麦考瑞大学之前，当时戴还是澳大利亚艺术委员会的主席。即便身任麦考瑞大学校长后，她对艺术品收藏仍乐此不疲。这也因此导致她的继任者斯蒂芬指控戴将部分的个人艺术收藏品与麦考瑞大学的艺术收藏品混合在一起。因为担心戴在任期间管理有瑕疵，斯蒂芬委任一名叫德罗伊特的审计去审查他的前任戴的薪资、未休假达 80 周的津贴、价值 1300 万澳元的艺术品拥有权及任职董事会的合法性等事宜，并提交了德罗伊特调查报告。戴用事实和证据否认了所有的指控。

争议是怎么开始的？其实戴在离职后并不想继续在麦考瑞大学担任任何职务，但她的继任者后来邀请戴继续在麦考瑞大学担任一个特殊的职务。2005 年 10 月，戴与候任校长斯蒂芬第一次见面时，作为一种荣誉，斯蒂芬邀请她出任麦考瑞大学的国际形象大使。戴当时同意了，这个职务一直干到她与继任者斯蒂芬决裂。但当戴问他这意味着要做什么事情时，斯蒂芬并没有说清楚。在两人工作交接时，戴同意工作到斯蒂芬正式上任以后的一个过渡时期，直到 2006 年 1 月。

戴与斯蒂芬之间的纠纷可能从斯蒂芬任期后的第 10 天就开始

了。戴的继任者对她使用周末秘书、使用学校司机并且计划继续待在学校行政楼很有意见。那时,戴的工作非常忙,经常利用周末工作。事实上,戴一直保持着这样的工作习惯。戴当时还担任麦考瑞大学艺术馆的馆长、艺术收藏评议员和艺术馆的董事。2005 年 4 月后,戴开始自己支付周末秘书工作的薪酬,因为斯蒂芬不再支付她任何报酬。

离职后,戴在麦考瑞大学行政楼另一翼工作,完全独立于与校长办公室所在的一翼,这样她与继任者的道路就不会交错,她可以继续照料麦考瑞大学的艺术馆、撰写她自己在麦考瑞大学工作的备忘录和有关高等教育的学术论文。戴把这些想法告诉过校监莫里斯·纽曼,得到莫里斯·纽曼强有力的支持。

不久,戴和她的继任者就司机使用、办公室使用、带薪休假、收藏艺术品的产权归属问题产生了难以解开的纠纷。仅仅因为司机皮特有一次没有给斯蒂芬开车而是为戴开车,当时戴还是在任的校长,斯蒂芬与戴就因用车产生了矛盾。关于一直占用行政楼办公室之事。事实上,戴住的房子每年她要支付 11 万澳元房租,她并没有享受免费的汽车使用权,她每年因为使用小车要支付 2.6 万澳元。

面对斯蒂芬关于 1300 万澳元的艺术收藏品的归属质疑,戴保留有购买艺术品的收据、支票单、银行的声明和保险单据,还有价值评估依据。因为艺术品收藏,戴还曾经得到一些与此有关的税收票据。更为重要的是,在到麦考瑞大学任职之前,戴对自己不少艺术收藏品都曾拍过照片。在担任澳大利亚艺术委员会主席时,它们被编辑收录在戴有关艺术家作品收藏的书中,它们中的许多艺术作品,都是戴在来麦考瑞大学工作时就有的。更为重要的是,戴的个人收藏曾经广泛地被媒体报道过，包括 1984 年《悉尼先驱晨报》的报道。

而关于薪酬和带薪休假的争议，戴同样提供证据为自己赢得了清白。从 1987 年 1 月到 1992 年 6 月，戴的校长职务薪酬是年薪 9.4 万澳元，将近七年没有提升过。当时麦考瑞大学的校监并没有意识到要在董事会上提出要增加戴的工资的议题，直到有一天一位学院院长向他指出，戴是澳大利亚薪酬最低的大学校长时，他才意识到要给戴增加薪酬。在麦考瑞大学工作期间，戴从没有休过学术假，尽管在麦考瑞大学，活跃的学术员工可以要求在服务三年后休最多六个月的学术假。当进入第四个校长任期时，麦考瑞大学董事会决定在戴的新的合同期内，可以在任期末给予她 12 个月的学术休假。2004 年，新校监莫里斯·纽曼希望戴作为校长能延期服务到 2005 年。校董事会很热情地赞同这一点，但坚持要求戴不要提前休已经提供给她的学术年假，可以在 2006 年休学术年假。事实上，戴已经准备放弃这个年假。

人们经常把大学比作是象牙塔，但作为麦考瑞大学的校长，戴从没有生活在象牙塔之中。戴担任的麦考瑞大学校长这个岗位被澳大利亚《金融评论》杂志认为是大学里具有企业家性质的领导职务。在戴看来，预算、战略、国际化是大学治理的三个关键，核心是经费筹措和运营。大学校长应具有企业家精神，把大学运营好；大学校长应清楚怎么样用别人的资金为学校办事，充分利用社会资源。

戴治理麦考瑞大学的独特风格和思路，多次被澳大利亚教育培训部部长尼尔森公开肯定过。在多个场合，他都称赞戴是高等教育界最好的管理者；在多个场合他也将他的这一肯定行之成文。戴认为，自己挣着应该挣的薪酬。当戴刚接任麦考瑞大学校长时，麦考瑞大学经费来源的80%以上依靠政府投入，在戴任校长期间，这个比例下降到不到30%，几乎只有接近25%的经费来自政府的投入。

除了努力工作外，戴作为一位工作狂，获得了令人敬畏的声誉。戴几乎每天上午六七点钟就开始工作，一直到一天结束。毫无疑问，戴所取得的一切成就，都是依靠自己的全身心投入和麦考瑞同仁的全力支持。因此，当所有这些纠纷被斯蒂芬公开披露后，戴感到无比惊讶。显然，这并不符合麦考瑞大学以及它的学生和毕业生的最大利益。

实际上，这点大家都知道，戴早已准备在退休后，将自己收藏的相当多的艺术品捐赠给麦考瑞大学——这所她为之奉献了20年的大学。在戴任职麦考瑞大学校长期间，她已经捐献了相当数量的资金给麦考瑞大学用于艺术品收藏和艺术活动。戴自己也曾将部分收藏品捐赠给麦考瑞大学。但现在她当然不会捐赠了，只要斯蒂芬还在麦考瑞大学。事实上，麦考瑞大学也失去另外一批收藏品的捐赠。戴曾联系过一位收藏者，他曾承诺将一大批收藏品捐赠给麦考瑞大学，同样因为斯蒂芬对待艺术和文化的这种方式，他改变了自己的捐赠意向。

在为麦考瑞大学服务这么多年后，尽管受到这种不公正对待和歪曲，并没有影响她对麦考瑞大学的感情。戴说："就某个人来讲，尤其是就一个教职员工来讲，我感到深深的失望；就麦考瑞大学来说，我从不认为我会觉得难过。"

让戴感到遗憾的是，戴本想在她离任之前，把澳大利亚国家艺术学校合并到麦考瑞大学，使之成为麦考瑞大学的一部分，但给予她的时间不多了。尽管戴已与对方达成初步意向，但她的继任者斯蒂芬没有选择合并，合并事宜就此止步。

为戴正名的两封信

斯蒂芬·宣瓦兹对戴的指控被《悉尼先驱晨报》刊发后，引起了澳大利亚社会的广泛关注。麦考瑞大学的校友和同事尤其关注此事，他们对该报未经戴同意即披露此事给戴造成的伤害难以接受。有麦考瑞大学校友和同事写信给《悉尼先驱晨报》的编辑，陈述他们的不同看法。

“《悉尼先驱晨报》星期四（2007年2月8日）有关荣誉教授戴·叶布瑞的报道，完全是对麦考瑞大学前校长戴的歪曲和不公正。

“任何了解或曾与戴·叶布瑞教授在一起工作过的人，无疑都会认为她是一位无可挑剔的人，都不会怀疑她对麦考瑞大学的贡献。

“事实上，正是由于她的执着，以至于这么多年来，她在工作日每天早上5点开始工作，直到深夜，这成为她多年的工作习惯。

“暗示她利用其职务，以实现个人的爱好，对她来说绝对是一种侮辱。

“这也是对麦考瑞其他高层管理者的不公，我作为一个学生活跃分子和麦考瑞大学学生会主席，在我以前的大学生活中，据我所知管理者们组成的是一个兢兢业业、乐于奉献的团队。

“我们不要忘记，大学每年都根据要求审计，也要求有强烈又严格的合作治理体系。

“在这个时候，这些文章的出版粉碎了人们对新校长的机会主义和美好政治运作的期待，因为他披露的信息，对戴的名誉构成了损害。

“令人震惊的是，这样一位知名女性，她为麦考瑞大学、澳大利亚高等教育和艺术领域作出了重大贡献，竟然在她离任前夕遭遇公开的侮辱。

“人们不禁想知道，为什么宣瓦兹教授不听从莫里斯·纽曼校监明智的建议，让戴·叶布瑞教授用一种合作的方式坦诚地说出她自己的诉求。

“相反，我们将看到的是漫长的争议，这不会让任何人获益，除了律师。”

一位土著艺术家在另一封信中这样写道：

“看见像戴·叶布瑞这样的澳大利亚的具有远见卓识者，被新任麦考瑞大学校长抹黑，令人扼腕叹息。

“就专业主义来讲，戴·叶布瑞教授和她热心的团队，在麦考瑞大学艺术馆是无可指责的，作为一个土著艺术家，我得益于他们多年提供的支持。

“我也为一些人因自我的、不可告人的动机去质疑一位女性感到震惊。她并没有做什么，她只是在悉尼和新南威尔士州去发展一所大学、支持土著学生，并见证许多土著学生在她的指导下毕业，被雇用为土著教师和致力于为土著艺术家工作。我们应该庆祝这样一位杰出女性所取得成就和贡献。”

“继任者斯蒂芬对戴的指控，是戴平生遭遇到的最严重的一次打击。作为一位谨慎的艺术品收藏者，戴自己也记录着各种收藏品。事实上，在《悉尼先驱晨报》刊发这些文章前，戴曾经在2007年1月份向麦考瑞大学高级职员办公室展示过自己获得这些藏品的等级证书和收据等。戴到麦考瑞大学任职后，她随即就将自己的收藏品和麦考瑞大学的艺术收藏品分开造册，它们是相互独立分离的，而并非混淆在一起，包括1984年为戴准备好的收藏目录和价值评估报告——就像戴在2006年7月份所做的一样。2001年，麦考瑞大学还引进了一套艺术品收藏的国家级艺术品记录系统。为麦考瑞大学订购艺术品的订单、评估记录、资产登记、税务登记以及其他相关的艺术品礼品，都按常规准备好，通过责任心强的职员送到了中心档案室和财务部门。”

往事如烟，随着时间的流逝，各种争议和纠纷都已尘埃落定。彻底告别麦考瑞大学后，戴准备放慢生活节奏，但她还将继续做自己喜欢做的事情，如艺术品收藏。她迄今还在各种公益组织的理事会或委员会任着职，开着会。戴自己也有一些国际会议需要运作，她将继续经营自己的教育咨询公司。

是的，忙碌有时候就是某些人生命存在的表征。祝福戴一直能忙碌着，继续扮演她色彩斑斓的人生中的各种角色！

主要参考资料

1. 戴·叶布瑞: 1987—2005 年任职麦考瑞大学校长期间的 19 份年度工作报告。

2. 麦考瑞大学校友会编: 校友会刊物《海狼星》2005 年特刊《光辉的足迹: 戴·叶布瑞年谱》。

3. 麦考瑞大学校友会编: 校友会刊物《海狼星》2004 年夏季《麦考瑞大学建校 40 周年》刊。

4. 麦考瑞大学校友会编: 校友会刊物《海狼星》2004 年冬季《麦考瑞大学建校 40 周年》纪念刊。

5.Di Yerbury, *A Journey from Dreamtime to Machine Time: Australian History through the Eyes of Australian Indigenous Artists*, MUSEOLOGIA.

6.Di Yerbury:The Challenge for Universities, BHERT Emerging Skills Summit Shangri-la Hotel, Sydney 22 November 2005.

7.Speech by Prof Valerie Pratt AM Alumni Farewell Dinner for Professor Di Yerbury AO Macquarie University Vice-Chancellor 24 November 2005.

8.Di Yerbury: *The Letters to Maurice Newman*, 15 June 2006.

后 记

接受这个写作任务时我很忐忑，却之唯恐不恭，受之恐难胜任。原因有三，一是此前从未撰写过此类体裁文章，不敢妄自品评他人；二是传主远在澳大利亚，语言文化有隔阂，资料收集极难；三是项目主持人刘继南教授年已七旬，迎难而上，亲力亲为，我等后辈年轻人，又怎敢畏难而退，不尽事功？如此，即便贻笑方家，也只好赶鸭子上架。

戴·叶布瑞教授，任麦考瑞大学校长近 20 年，善管理、通商业、创新制、革沉疴、育新风，把该校打造成澳大利亚知名的“创新性大学”，其独特的治校理念、企业化的大学运营模式、个性化的人格魅力，开创了澳大利亚高等教育发展的新高峰。阅历如此丰富、建树如此卓著的大学女校长，其为人处世、运筹帷幄、经校治学的故事，可圈可点、可写可述、可评可论者本应很多，但由于与继任者之间的纠纷，戴原先准备用来撰写回忆录的全部资料 120 箱，被封存而不可得，传主能提供给我的相关资料甚少，而面对面的访谈也仅有两次。

按理，人物传记既需知人方可论事，也需知事方可论人，人与事均熟稔，方能人事交融、以人驭事、以事记人，如此，传记才能人物鲜活、事迹真实、引人入胜。但本传记，由于人物资料不足、揣摩体悟时间不够，只能因陋就简、避重就轻，根据传主所经历事情的简况、所求目标实现的程度，予以分章分条展开。巧妇难为无米之炊，何况我并非巧妇，只能就料端出这盘“大杂烩”。唯期望读者能从中管窥传主的经纬韬略，体味传主的坚毅执着，认知女性领导成长的艰辛不易。如果浪费读者时间，徒添困惑与烦恼，这并非传主的过错，实在是笔者叙述不清的责任。

我曾两次采访传主，彼此交流的时间累积不超过十小时。但正是这难得的十小时面对面交流，让我得以走进传主戴·叶布瑞的人生图景，探寻其人生轨迹。2011 年 1 月 25 日，当戴·叶布瑞的形容相貌第一次跃入笔者眼帘时，我终于见到了这位一生传奇的女校长。站在我面前的戴，虽然韶华已逝，但风采依旧，满头金发一丝不乱，装束落落大方，容貌秀丽，温文尔雅，具有英国女性的典型气质。我称呼她为戴教授，戴马上纠正我：不，请叫我戴。据说，麦考瑞大学的师生基本上都这样亲切地称呼她。从第一次见面起，到 2012 年初，我们有几次电子邮件联系，此后我发给她的邮件就没有回信了。

时间过得很快，一晃快一年多没有戴的消息，其间我听说她到过香港讲学。2013 年 5 月 5 日晚，我惊悉戴·叶布瑞“去世”。回家后即上网查询有关消息，没有得到证实。随即联系现在麦考瑞大学攻读博士学位的朋友小叶，托她打听准确消息。当夜，我在忐忑焦灼中等待回信。第二天收到小叶回信，说她在麦考瑞大学没听说戴去世的消息，她致电麦考瑞大学校长办公室询问，对方也表示没获知此消息。我悬着的心逐渐释然，但依然对戴自 2012 年后一直没有音讯感到奇怪。

为消除这种担忧，我 5 月 11 日晚给戴曾经的生活秘书梅赛德斯女士发去邮件，同时抄送一份给戴，进一步确认此事。高兴的是，梅赛德斯女士很快回信，说她 2012 年 7 月后即离职返回西班牙居住，但她敢确定戴依然健在并很好，并表示她今年 11 月将去澳大利亚待几周，并将去看望戴。得到梅赛德斯女士的明确回复，我心彻底释然。

不久，我也收到戴的回信。也许是关于她去世的假消息刺激了她，这次回信出奇地快。她对我听闻她去世的消息感到惊讶，她说她身体很好，只是很忙，经常在出差的路上，不能一一回我的邮件，她 6 月份要回英国去看望自己的母亲，在英国逗留两周后，又要到美国参加一个会议，要到 7 月初才能回澳大利亚。我知道，戴依然很忙，经常出差。我期待，戴能够一直忙着。忙碌有时候就是一些人生命存在的表征，正所谓“生命不息，奋斗不止”。

本书最终能得以勉强完稿，得益于各位师友的鞭策和帮助，笔者感铭在心，此处不一一罗列致谢。特别感谢“世界女子高等教育及大学女校长群体研究”课题组成员及江苏中外大学女校长教育发展基金会为笔者赴澳访谈戴、收集有关资料提供的资助。

作者谨识

2013 年 12 月 28 日

图书在版编目(CIP)数据

戴·叶布瑞——澳大利亚麦考瑞大学校长/龙小农著.—北京：
中国传媒大学出版社，2014.9
ISBN 978－7－5657－1036－0

Ⅰ.①戴…　Ⅱ.①龙…　Ⅲ.①叶布瑞－生平事迹
Ⅳ.①K836.115.46

中国版本图书馆 CIP 数据核字（2014）第 140316 号

戴·叶布瑞——澳大利亚麦考瑞大学校长

著　　者　龙小农
责任编辑　范明懿
责任印制　曹　辉
封扉设计　创意源文化艺术
出 版 人　蔡　翔

出版发行　中国传媒大学出版社
社　　址　北京市朝阳区定福庄东街 1 号　邮编：100024
电　　话　86－10－65450528　65450532　传真：65779405
网　　址　http://www.cucp.com.cn
经　　销　全国新华书店

印　　刷　三河市东方印刷有限公司
开　　本　670mm×970mm　1/16
印　　张　14.75
字　　数　159 千字
版　　次　2014 年 9 月第 1 版　2014 年 9 月第 1 次印刷

书　　号　ISBN 978－7－5657－1036－0/K·1036　**定　　价**　55.00 元

国家出版基金项目　教育部人文社科重大委托项目

探寻世界女子高等教育的发展轨迹　展现大学女校长的治校理念与风采

“世界大学女校长　女子大学”丛书

总顾问　陈至立　　主编　刘继南

丛书涉及 23 个国家的女子高等教育　34 个国家 80 余位大学女校长

吴贻芳——金陵女子大学校长
谢希德——复旦大学校长
常沙娜——中央工艺美术学院院长
庞瑶琳——北京化工学院院长
陈乃芳——北京外国语大学校长
回春茹　张礼玺——中华女子学院院长
山红红——中国石油大学校长
胡大白——黄河科技学院院长
秦　和——吉林华桥外国语学院院长
包德明——台湾铭传大学校长
钟期荣——香港树仁大学校长
成嘉玲——台湾世新大学校长

阿丽扎·申哈——以色列厄梅克学院院长
戴·叶布瑞——澳大利亚麦考瑞大学校长
居尔松·萨拉莫——伊斯坦布尔科技大学校长
杰奎琳·里博格特——美国埃莫森学院校长
克里斯汀——冰岛大学校长
坤仁·苏查达·吉拉南——泰国朱拉隆功大学校长
玛利亚·埃莱娜·纳扎雷——葡萄牙阿威罗大学校长
玛娜娜·萨那泽——格鲁吉亚大学校长
玛维琳娜·秀茨——美国迪拉德大学校长
曼珠·米舍尔——尼泊尔新闻与大众传播学院院长
英格瑞德·莫西斯——澳大利亚新英格兰大学校长
朴东顺——韩国东西大学校长
水田宗子——日本城西大学校长
张蕴礼——夏威夷大学希罗分校校长
朱迪斯·甘丽雅——新西兰梅西大学校长
朱迪斯·伍兹沃斯——加拿大康考迪亚大学校长
朱慧琼——津巴布韦非洲女子大学董事长

澳大利亚大学女校长
大学女书记们
大学女校长们
俄罗斯大学女校长
法国大学女校长
非洲大学女校长
芬兰大学女校长
韩国大学女校长
美国常春藤大学女校长
美国五姐妹女子学院校长
塞尔维亚大学女校长
意大利大学女校长
印度大学女校长
英国大学女校长
中国大学女校长

世界女子大学
美国女子大学
韩国女子大学
日本女子大学
中国女子高等教育

智慧的靓影——世界大学女校长论坛精彩瞬间

传媒人书店
（For IOS）

微信关注我们

访问我们的主页

丛书相关资源和中国传媒大学出版社信息　网站下载 http://www.cucp.com.cn

世界大学女校长论坛及丛书信息　网站下载 http://lady.163.com/special/sense/nvxiaozhang.html